郑《注》曰:"宾既拜,前受觚,退复位。"

宾受觚

主人答拜

宾拜受

主人授觚

膳宰进脯醢

李如圭曰:"通言之,则觚亦称爵。"

敖继公曰:"献宾盖亦西北面,与《乡饮酒》同,故不著之。"

高愈曰:"主人送爵不于阼阶而于宾右,辟君位也。"

吴廷华曰:"宾宜东南面受爵,拜则俱西阶上北面也。反位,亦西阶上位也。"

新编仪礼图之方位图

[嘉礼卷] 下

买靳 …… 著

中州古籍出版社
·郑州·

图书在版编目(CIP)数据

新编仪礼图之方位图.嘉礼卷.下 / 买靳著. —郑州：中州古籍出版社，2021.2
ISBN 978-7-5348-9593-7

Ⅰ.①新… Ⅱ.①买… Ⅲ.①礼仪—研究—中国 Ⅳ.①K892.98

中国版本图书馆CIP数据核字(2021)第035700号

XIN BIAN YILITU ZHI FANGWEITU JIALI JUAN XIA

新编仪礼图之方位图：嘉礼卷（下）

责任编辑	何慧婷
责任校对	钟　舟
装帧设计	曾晶晶
出 版 社	中州古籍出版社（地址：郑州市郑东新区祥盛街27号6层　邮编：450016　电话：0371-65723280）
发行单位	新华书店
承印单位	河南大美印刷有限公司
开　　本	890毫米×1240毫米　1/32
印　　张	6.5
字　　数	150千字
印　　数	1—2 000册
版　　次	2021年2月第1版
印　　次	2021年2月第1次印刷
定　　价	28.00元

本书如有印装质量问题，请与出版社调换。

序　言

《仪礼》，是一部记载周代礼仪制度的经书。书中对绝大多数仪节的记载皆完整而详细，但由于时代悬隔，文字艰涩，制度难解，器物难明。所以，通明《仪礼》是不容易的，初学者在读书的过程中需要运用较为科学的方式、方法。如清代学者陈澧曾说："《仪礼》难读，昔人读之之法，略有数端：一曰分节，二曰绘图，三曰释例。今人生古人后，得其法以读之，通此经不难矣。"（《东塾读书记》）陈澧所说的"绘图"，指的是以绘制图表的形式直观形象地解释《礼经》。

礼图之始，已难于追溯。现在所能见到的最早的礼图是东汉碑刻《六玉图》（见于南宋洪适所作《隶续》），其后有郑玄、阮谌、夏侯伏朗、张镒、梁正、开皇中礼部官撰六家，但现皆难见其全貌。

后至五代，聂崇义据郑玄等六家之图，参互考定，并加集注，作《三礼图集注》二十卷，凡图三百八十余幅，文字约十余万言，内容主要是考绘行礼所须的车服、礼器等，而对行礼所在的宫室述之甚略，亦不甚精准；对五服制度及礼仪进程中揖让进退的具体方位更是毫无涉及。即使是该书主要考绘的服制礼器，也存在一定的争议。如沈括、欧阳修等多认为此书所绘与三礼注解相悖。但平心而论，该书所绘并不尽为杜撰，特别是其能参汉以来六家礼图而成一书，使"礼图"学派递相祖述，自成源流，在礼学发展史上当有其一定的地位。

继聂崇义之后，北宋陈祥道作《礼书》一百五十卷，内附示图近八百幅，图后有文，依据前人著述引用儒家经典对上古礼制进行考核订正，内容完备，条理清楚，纠偏补缺，多有独到之处。该书的保存较为完整，与司马光之《书仪》、朱熹之《仪礼经传通解》共同代表宋代礼学的最高研究水平。该书虽不是典型的礼图类著作，但附图甚多，且注解翔实。相较《三礼图集注》，该书新增了十余幅五服图，以及一些释币礼、大射礼、投壶礼等相关的陈设图、礼位图，这使得礼图的内容更加完整。

南宋时期，经学繁荣，这一时期的学者亦更加深刻地意识到图谱在学术研究中的作用。这一时期，有杨复所作《仪礼图》十七卷，并《仪礼旁通图》一卷，与绍定元年（1228）正式成书。其自序中称："复曩时从先师朱文公读《仪礼》，求其辞而不可得，则拟为图以象之，图成而义显。凡位之先后秩序，物之轻重权衡，礼之恭逊文明，仁之忠厚恳至，义之时措合宜，智之文理密察，精粗、本末，昭然可见。……严陵赵彦肃，尝作《特牲》《少牢》二礼图。质诸先师，喜曰：'更得冠、昏图，及堂室制度并考之，乃为佳尔。'盖《仪礼》，原未有图，故先师欲与学者，考订以成之也。复今所图者，则高堂生十七篇之书也。厘为'家乡、邦国、王朝丧祭礼'，则因先师经传通解之义例也。附《仪礼旁通图》于其后，则制度名物之总要也。"该书作图二百余幅，图之前后皆录取经文原文，又节取前儒旧说，疏通其意。该书以行礼时人物礼器的方位朝向为主，礼器宫室图稍显简略粗糙，且在图文编排上亦稍显无序及杂乱。但是，书中绝大部分图都能循经而绘，对后学颇有启发。更为重要的是，该书是较早的一部专门为《仪礼》所作的图，亦为较早的一部完整系统的行礼方位图。杨复这种另辟蹊径研究《仪礼》的方法，确实令人耳目一新，亦足资后世学者的借鉴。

有元一代，经学衰落。这一时期较有代表性的礼图当推龚端礼所作之《五服图解》。该书篇幅较短，其中较为重要者为端礼所作之《五服八图》（即《本族之图》《外族之图》《嫁女为父族图》《鸡笼之图》《妻为夫家之图》《夫为妻家之图》《礼制六父十二母图》与《本族三殇之图》），此八图后有《易晓图》一幅及丧服、丧冠等图若干。值得一提的是，该书的写作目的并不是单纯地图释五服，而是要将古代服制与元代实际相结合，制定出一套切实可行的服丧原则。该书五服标目总计一百九十二章，其中与《通制》相同的一百六十二章，《通制》不载的三十章，此外还收录了一些与服制有关的断例，这种结构与内容的安排正是作者写作目的的直接体现。

明代，经学略有复兴，这一时期的礼图类著作当首推刘绩的《三礼图》。该书共有四卷，凡图二百余幅，主要是行礼所用的器物与车服，亦有五服图与宫室图若干，但并无行礼方位图。与聂氏图相较，刘绩增旧图所未备者七十余事，可补崇义之阙。可是，因明代距《礼仪》成书年代更远，而刘绩著书时主要依据的《宣和博古图》的学术严谨性亦存争议，故刘氏考绘之图未免遭到后世学者的质疑。但刘氏对前人旧说的抉择去取还是颇为谨严，刘氏《三礼图》亦有其不容忽视的学术价值。

刘绩之后，黄佐著《泰泉乡礼》。该书凡七卷，首卷为序，举以乡礼之纲领；卷一至卷六分别记述了乡约、乡校、社仓、乡社、保甲五事。末以《士相见礼》及《投壶》《乡射礼》别为一卷附之，大抵皆简明切要，施之可行。而在此卷中，黄氏附有士相见受挚图、投壶图两幅，图中所绘鹿中、壶、箅筹等栩栩如生，但人物与大部分礼器还是用文字表示，两图宫室方位亦极简略。

明亡清兴，礼学复兴，礼图类著作（或附图以研礼解礼的著作）亦随之有极大的发展，具体可详见下表：

作　者	著　作	附　注
徐乾学 1631—1694	《读礼通考》	书中附五服图若干与列表相配合，五服的穿戴及所执的杖等，士丧礼[1]行礼方位图二十余幅，士虞礼方位图十余幅，宫室图约二十幅，礼器图若干（其中丧礼祭祀所用较多）
任启运 1670—1744	《朝庙宫室考附田赋考》	书中附有宫室图九幅
	《宫室考》	书中有北堂图，今定夫妇席前设馔图，更定饮酒礼宾位图，无箅爵图，射礼方位图，聘礼归宾馈饩图。有时附杨氏旧图用以批判
江　永 1681—1762	《深衣考误》	书中附有深衣图若干
	《乡党图考》	书中有宫室图三幅，宫室礼位图两幅，聘礼图四幅，圭璋璧琮束帛各一幅，服制差等表，服冕九章图一幅，冕弁冠服一幅，衣裳图七幅，车轮座等图四幅，席图一幅
沈　彤 1688—1752	《仪礼小疏》	书中附有室中夫人、堂下兄弟哭位图各一幅

---

〔1〕含《士丧礼》与《既夕礼》两篇。

续表 1

作 者	著 作	附 注
褚寅亮 1715—1790	《仪礼管见》	书中附有共牢设馔图与公食大夫陈馔图各一幅
江 声 1721—1799	《尚书集注音疏》	书中附明堂殡宫图两幅
戴 震 1724—1777	《考工记图注》	书中附有礼器图与宫室图若干
程瑶田 1725—1814	《宗法小记》	书中附有宗法图若干
	《仪礼丧服文足征记》	书中附有丧服图若干
	《九谷考》	书中附有黍稷稻粱等图若干
	《释草小记》	书中附有经文涉及的草木之图若干
	《释虫小记》	书中附有经文涉及的昆虫之图若干
	《考工创物小记》	书中附有礼器图若干
金 榜 1735—1801	《礼笺》	书中附有礼器图若干
汪 中 1745—1794	《述学》	书中附有天子之宫室图四幅
孔广林 1746—1814	《仪礼臆测》	书中附有宫室图一组（含郑玄旧说与孔氏改定图两部分）
孔广森 1752—1786	《明堂考》	书中附宫室图八幅，图中已经开始注意明堂王都周围的山川水脉
孙星衍 1753—1818	《礼学卮言》	书中附有宫室图四幅
张惠言 1761—1802	《仪礼图》	凡六卷，图近三百幅。首卷为宫室与衣服，之后五卷按照《仪礼》经文篇次编排，其中绝大部分为行礼方位图，考绘皆甚为精慎，亦有五服图与少量丧器图

续表 2

作　者	著　作	附　注
焦　循 1764—1820	《群经宫室图》	书中附有宫室图若干
洪颐煊 1765—？	《礼经宫室答问》	书中附有宫室图八幅
陈　奂 1786—1863	《毛诗说》	书中附有礼服图若干以及宫室图若干
吴嘉宾 1803—1864	《丧服会通说》	书中附有丧服图若干
邹汉勋 1805—1854	《读书偶识》	书中附有宫室图若干，天子宫室居多
郑　珍 1806—1864	《仪礼私笺》	书中附有公食大夫礼正馔加馔图一幅，以及前人士昏礼对席图六幅
陈乔枞 1808—1869	《礼堂经说》	书中附有宫室图一幅
俞　樾 1821—1907	《士昏礼对席图》	书中附有前人所绘士昏礼对席图六幅
	《群经平议》	书中附有宫室图若干以及聘礼陈撰图一幅
黄以周 1828—1899	《礼书通故》	凡五十卷，后三卷中有服制表，丧服表，三百余幅礼器图，宫室图二十四幅，以及按照《仪礼》经文篇次编排的近二百幅行礼方位图
吴之英 1857—1918	《寿栎庐仪礼奭固礼器图》	宫室图三幅，为立体复原图，形象生动，栩栩如生，以及近四百幅礼器图，画工十分精湛，随图附有较为详细的考释
	《寿栎庐仪礼奭固礼事图》	书中有按照《仪礼》经文编排的行礼方位图近四百幅，十分详尽，且其中有很多涉及行礼时的变例，但标示宫室方位却过于简略，阅读时使人颇感不便，方位朝向也有待考证
张锡恭 1858—1924	《丧服郑氏学》	书末附有深衣图六幅

续表3

作者	著作	附注
于鬯 1862—1919	《读仪礼日记》	书中附有射侯图若干
曹元弼 1867—1953	《礼经学》	书中附有宫室图七幅,礼服图二十余幅,及丧服表若干
盛世佐[1]	《仪礼集编》	书中附有今定夫妇席前设馔图,北堂图,一组乡饮酒礼宾位图,无筭爵图,射礼方位图。多为批判杨氏图之误
林乔荫[2]	《三礼陈数求义》	书凡三十卷,内附宫室图,宗法图,服制表若干
林颐山[3]	《经述》	书中附有深衣图一组(含江氏图,有对比之意)

由上表可知,以图释礼已经成为清代礼学家所经常使用的一种手段。而且,这一时期礼图的质量也高于前代。其中最值得一提的是张惠言所作的《仪礼图》。张氏图凡三百余幅,首卷先明宫室服制,再依经文次序绘制礼器及与礼者的方位朝向,图中常有自注,若图不能释则别立列表以明其义。《四库全书总目提要》赞之曰:"(张氏图所绘)礼之诸仪诸节皆清晰不淆,宛如亲临其境……(使读者将)进退揖让之节,了然于心目间。惠言之图,要比宋人杨复《仪礼图》粲然毕备,详明易览。案《仪礼》一经,久成绝学,惠言能研究钩贯,条理秩然,实不愧通达穷经之绪。"

近代至今,礼图不兴,及至今日,亦未有系统完备的礼仪图

---

[1] 生卒年不详,但当为乾隆年间(1748)进士。
[2] 生卒年不详,但当为光绪年间(1765)进士。
[3] 生卒年不详,但当为乾隆年间(1892)进士。

问世。

　　自汉至清，千余年间，礼图类著述虽不乏佳作，但因历史条件的局限，也有一些无法避免的缺憾。首先，古图中的礼器宫室皆为礼家绘制，因而有时会与实物存在较大的差异。如《仪礼》中经常提及的"栖"，聂崇义、吴之英皆因《说文》之释将其绘为匕状，这与事实是不相符的。再如，经中庙群的布局问题，历来皆有"一"字型与"品"字型两种观点，杨复、江永、陈奂、盛世佐等悉从贾《疏》绘为"一"字型，皆与马家庄秦宫庙遗址相悖。其次，古图中的方位图皆以文字的方向表明器物或与礼者的朝向，这使得读者在阅读的过程中，不得反复掉转书本的方向，甚为不便。而且，图中的人与物都以文字写明，不加区分，较为占用空间，在表现一些空间范围较小但礼器众多、人员密集的仪节时，显得十分吃力；在表现人物的行进路线与行礼动作上也力有不逮。最后，前人方位图中，鲜有经义的说明，这使得方位图成为了一本单纯的考据性著作。读者看图，但能知晓人物礼位之制与礼器陈设之法而不能知其缘故。礼仪，其实更多的是一种精神上的文明。《仪礼》中，行礼时的陈设朝向与揖让进退间无不体现着先人对天人关系、社会关系、自身问题的思考与解答。故不能在方位图中辅之以相关经义，而仅关注于烦琐的礼制仪节，亦古代礼图的一大遗憾。

　　现笔者力图充分汲取近三十年学术界相关研究成果，在尊重借鉴前人图谱的基础上，新制仪礼图，以补前图之憾。

　　本书为《新编仪礼图之方位图：嘉礼卷（下）》，《仪礼》中专言嘉礼者凡七篇，即《士冠礼》《士昏礼》《乡饮酒礼》《乡射礼》《燕礼》《大射》《公食大夫礼》[1]，而本书主要内容为《燕礼》《大射》《公食大夫礼》三篇所涉及的方位图。

《燕礼》，记载诸侯国君在政事完毕之后，为安乐群臣而举行的一种饮酒礼。据郑玄《目录》及贾《疏》说，国君闲暇无事，想与群臣欢饮以结君臣之好，或卿大夫有勤劳之功，或卿大夫出使异国归来，或有异国使臣来聘等，在上述种种情况下，国君往往都要举行燕礼。全文共三十一节，可分为三个部分。第一部分为第一节至第二十二节，这是燕礼的正礼部分，又可以分为三个层次：第一，第一节至第五节，记燕礼前的准备，包括燕礼的陈设，君臣就位，以及命宾纳宾等；第二，第六节至第十节，主要记主人与宾互相献酬的礼仪；第三，第十一节至第二十二节，主要记君为宾、为卿、为大夫，三举旅酬，同时兼记主人向卿、向大夫献酒，以及乐工演唱的礼仪。在整个正礼部分，除因礼仪需要而暂坐之外，君臣都是站着行礼的。第二十三节至第三十节为第二部分，主要记君臣坐燕欢饮，行无筭爵、无筭乐的礼仪，同时兼记君为士举旅酬，主人向士献酒，举行射箭比赛以乐宾以及邀请异国使臣参加燕礼所致辞等。第三十一节为第三部分，这部分为《记》文，杂记燕礼诸礼仪，其中较多的是杂记与异国使臣举行燕礼的礼仪。

《大射》，记载的一场射箭比赛的礼仪。按，中国古代的诸侯将要举办大的祭祀活动，就要和群臣举办射箭比赛来选择参加祭祀的人。在射箭比赛中，容体符合礼仪的要求，动作符合音乐的节奏，而又射中次数多的，就可以参加祭祀。这样的射箭比赛叫作大射，它实际是在燕礼的中间插进一个射箭比赛的节目，但因为这个

---

[1] 宋人王应麟依照《周礼·春官·大宗伯》对礼的划分方法，将十七篇分为四类：《特牲馈食礼》《少牢馈食礼》《有司》三篇记祭祀鬼神、祈求福佑之礼，属于吉礼；《丧服》《士丧礼》《既夕礼》《士虞礼》四篇记丧葬之礼，属于凶礼；《士相见礼》《聘礼》《觐礼》三篇记宾主相见之礼，属于宾礼；《士冠礼》《士昏礼》《乡饮酒礼》《乡射礼》《燕礼》《大射》《公食大夫礼》等七篇记冠昏、宾射、燕飨之礼，属于嘉礼。

节目是本篇所记载的重点，所以用《大射》为名。全文共四十六节，可以分为三个部分。第一节至第十七节为第一部分，主要记载大射礼的准备和先行燕饮之礼。第十八节至第三十八节为第二部分，记大射礼的全过程，这是本文的中心部分，又可以分为三个层次：第一，第十九节至第二十二节，记第一番射箭比赛的礼仪；第二，第二十三节至第三十二节，记第二番射箭比赛的礼仪；第三，三十三节至三十八节，记第三番射箭比赛的礼仪，这次比赛要加上音乐伴奏。第三番射箭比赛完毕，射礼就结束了。第三十九节至第四十六节为第三部分，记射礼结束后，继续进行燕饮之礼。从本篇内容看，其所记燕礼部分，与《燕礼》大同小异。本篇无《记》文。

《公食大夫礼》，记载使者出使至主国后，主国国君（公）举行食礼款待使者（卿、大夫）的礼仪。按，聘礼分为大聘与小聘，大聘礼使者为卿，小聘礼使者为大夫，然无论何种聘礼，主国国君都需要举行食礼款待使者。全文共二十八节，可分为四个部分：第一，第一节至第二节，记食礼前之准备；第二，第三节至第十三节，记公食大夫礼的全过程，这是本篇的中心部分；第三，第十四节至第十七节，记食礼的一些变例；第四，第十八节至第二十八节，为《记》文，杂记食礼的有关事项和礼仪。

目 录

总图例 ··· 1

燕礼 ·· 7
  燕礼方位图 ··· 9
  燕礼所涉人物一览表（左）····························· 50
  燕礼所涉人物一览表（右）····························· 56
  燕礼所涉礼例一览表 ································· 62
  燕礼所涉方位图一览表 ······························· 71

大射 ··· 73
  大射方位图 ·· 75
  大射所涉人物一览表（左）···························· 113
  大射所涉人物一览表（右）···························· 124
  大射所涉礼例一览表 ································ 134
  大射所涉方位图一览表 ······························ 148

公食大夫礼 · · · · · · 151

公食大夫礼方位图 · · · · · · 153
公食大夫礼所涉人物一览表（左） · · · · · · 173
公食大夫礼所涉人物一览表（右） · · · · · · 175
公食大夫礼所涉礼例一览表 · · · · · · 178
公食大夫礼所涉方位图一览表 · · · · · · 182

嘉礼礼器表 · · · · · · 185

总 图 例

总 图 例　3

表示某一件位置固定的礼器

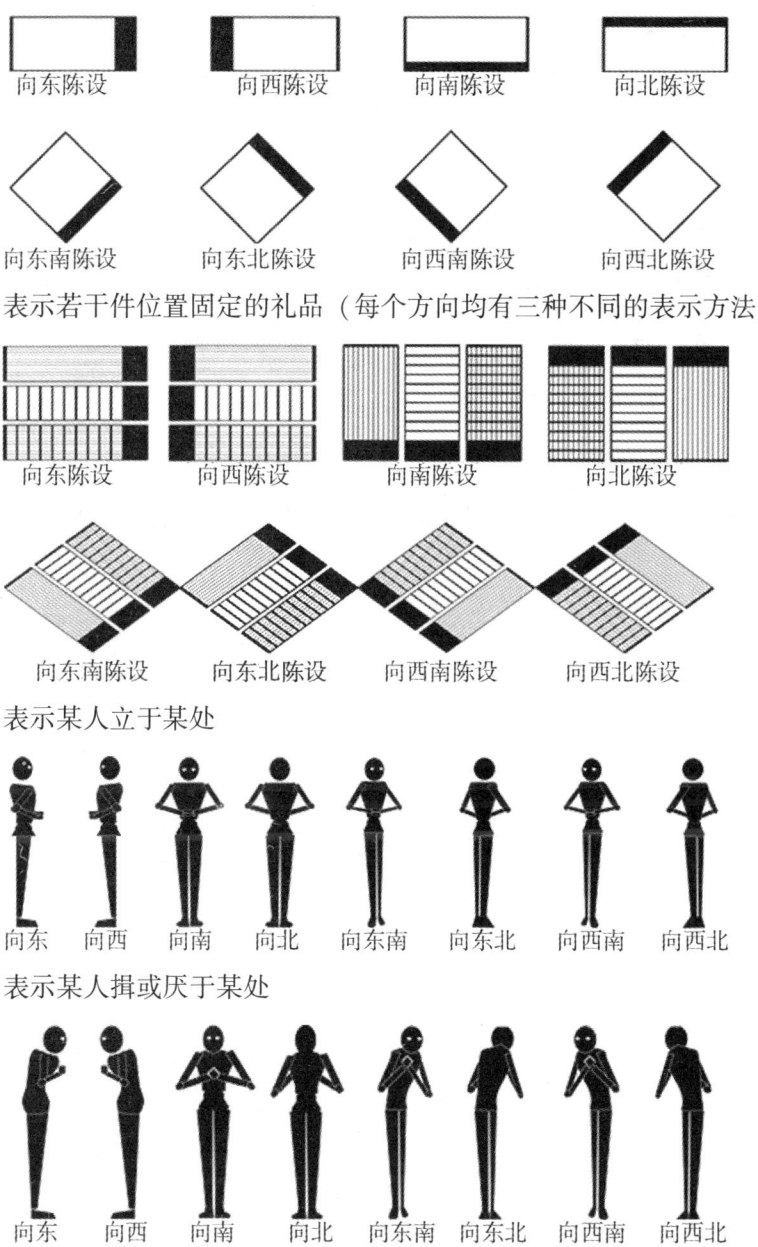

向东陈设　　向西陈设　　向南陈设　　向北陈设

向东南陈设　向东北陈设　向西南陈设　向西北陈设

表示若干件位置固定的礼品（每个方向均有三种不同的表示方法）

向东陈设　　向西陈设　　向南陈设　　向北陈设

向东南陈设　向东北陈设　向西南陈设　向西北陈设

表示某人立于某处

向东　向西　向南　向北　向东南　向东北　向西南　向西北

表示某人揖或厌于某处

向东　向西　向南　向北　向东南　向东北　向西南　向西北

表示某人拜(空手拜)于某处

向东　向西　向南　向北　向东南　向东北　向西南　向西北

表示妇人肃拜于某处

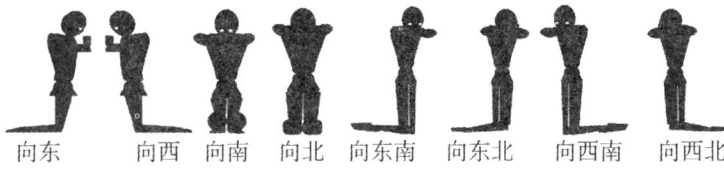
向东　向西　向南　向北　向东南　向东北　向西南　向西北

表示某人稽首拜于某处

向东　向西　向南　向北　向东南　向东北　向西南　向西北

表示妇人扱地拜于某处

向东　向西　向南　向北　向东南　向东北　向西南　向西北

表示某人跪或坐于某处(《仪礼》中跪坐不分)

向东　向西　向南　向北　向东南　向东北　向西南　向西北

表示某人坐取或坐授受于某地

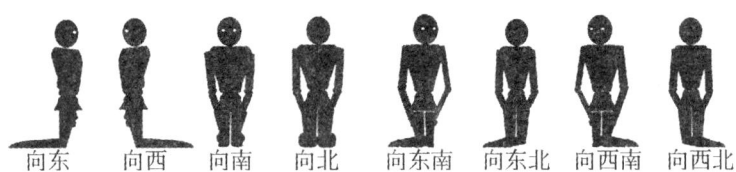
向东　向西　向南　向北　向东南　向东北　向西南　向西北

表示某人行于某处

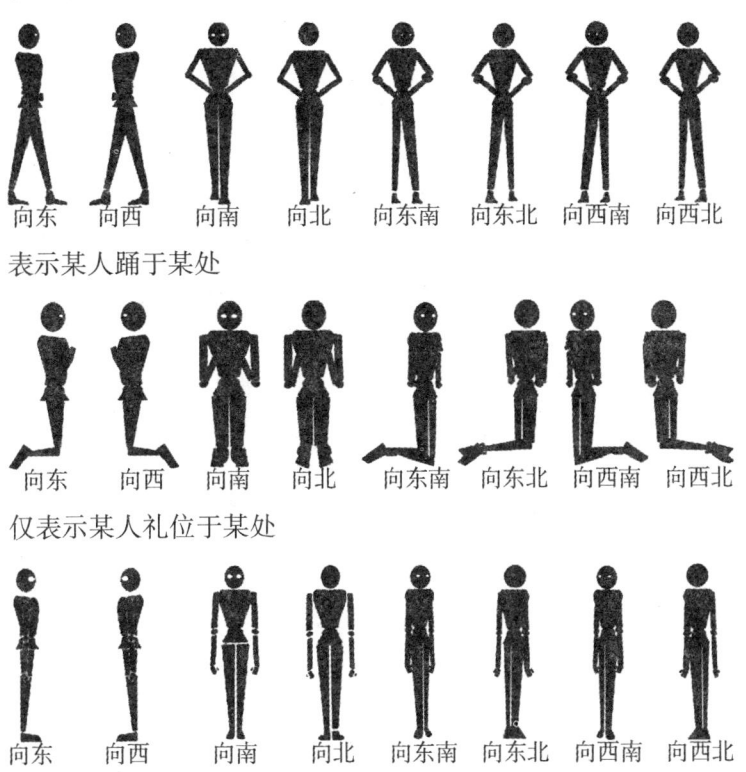

向东　向西　向南　向北　向东南　向东北　向西南　向西北

表示某人踊于某处

向东　向西　向南　向北　向东南　向东北　向西南　向西北

仅表示某人礼位于某处

向东　向西　向南　向北　向东南　向东北　向西南　向西北

（参见段玉裁《释拜》、贾谊《新书》、吴道子《孔子天揖图》）

燕 礼

燕礼方位图

郑《目录》云："诸侯无事，若卿大夫有勤劳之功，与群臣燕饮以乐之礼也。燕礼于五礼属嘉礼。《大戴》第十二，《小戴》及《别录》皆第六。"

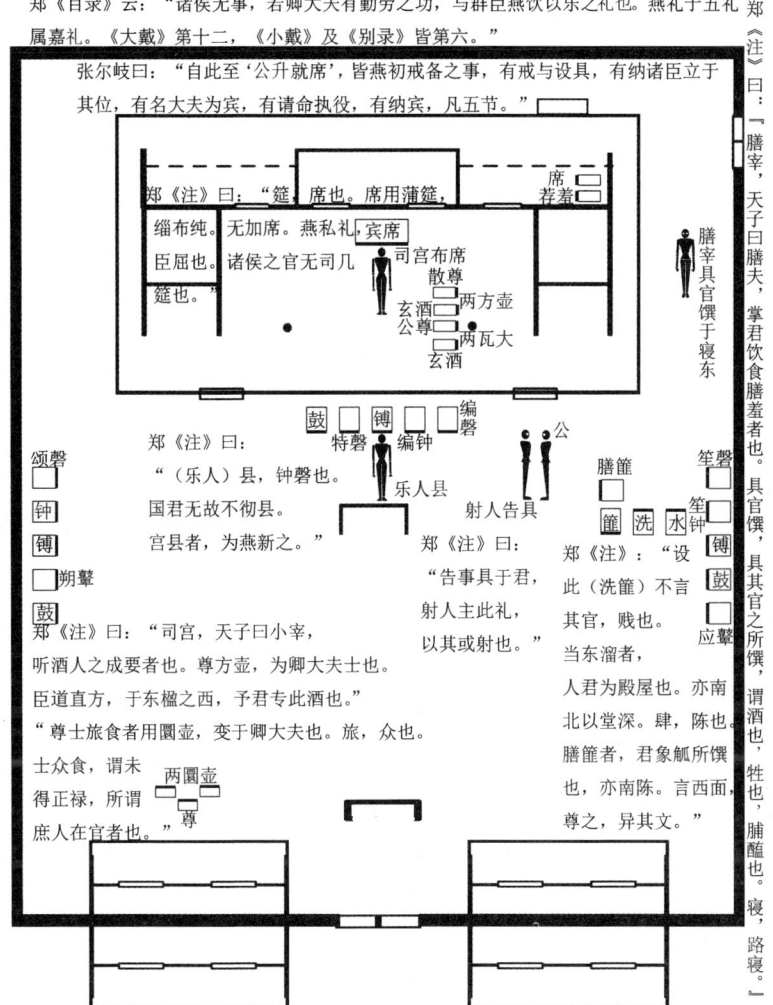

6-1-1 告戒设具图

《正义》曰："《曲礼》曰,揖人必违其位。故公将揖卿大夫,而降立也。"

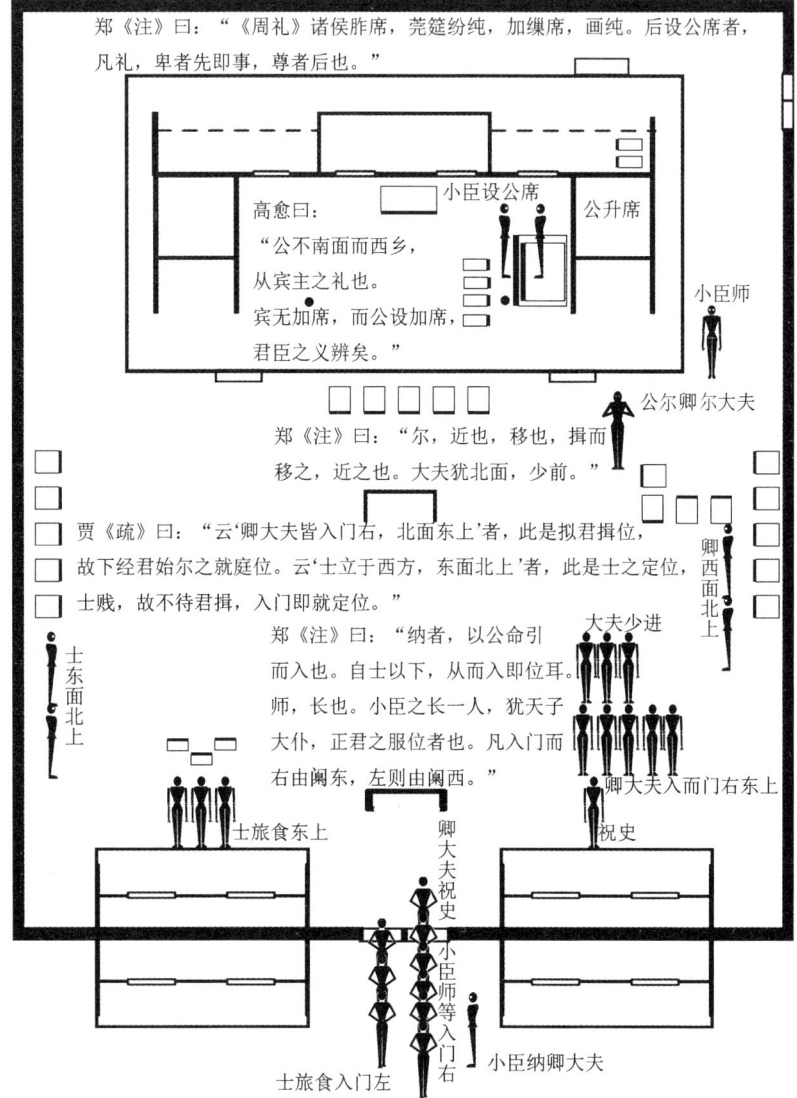

6-2-1 君臣各就位次图

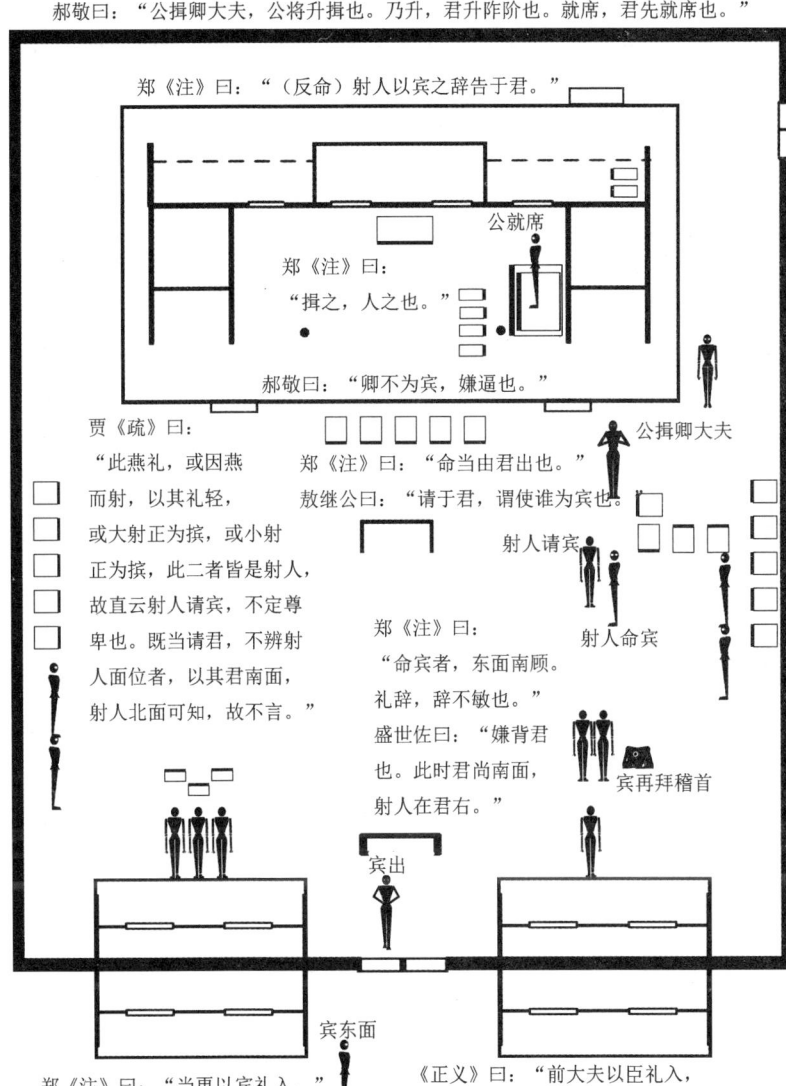

6-3-1 命宾图

盛世佐曰："羞膳执幂皆以士，必请之者，诸侯兼官，士之掌此二事者无常职，惟君所命故也。"

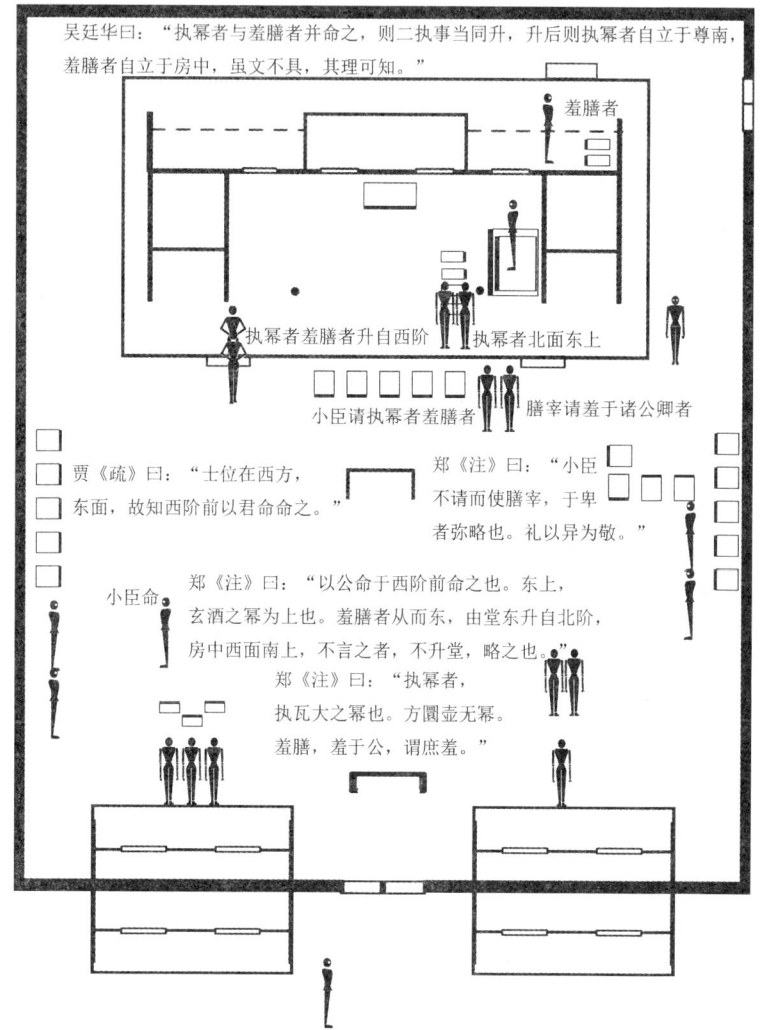

6-4-1 请命执役者图

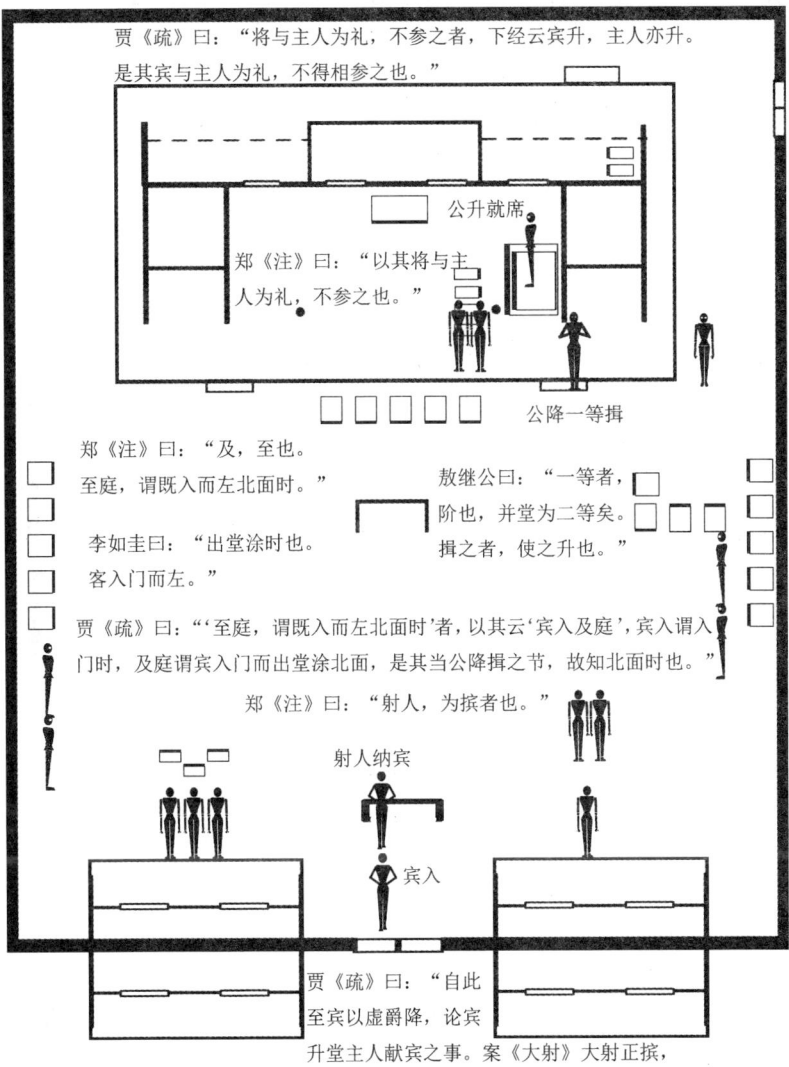

6-5-1 纳宾图

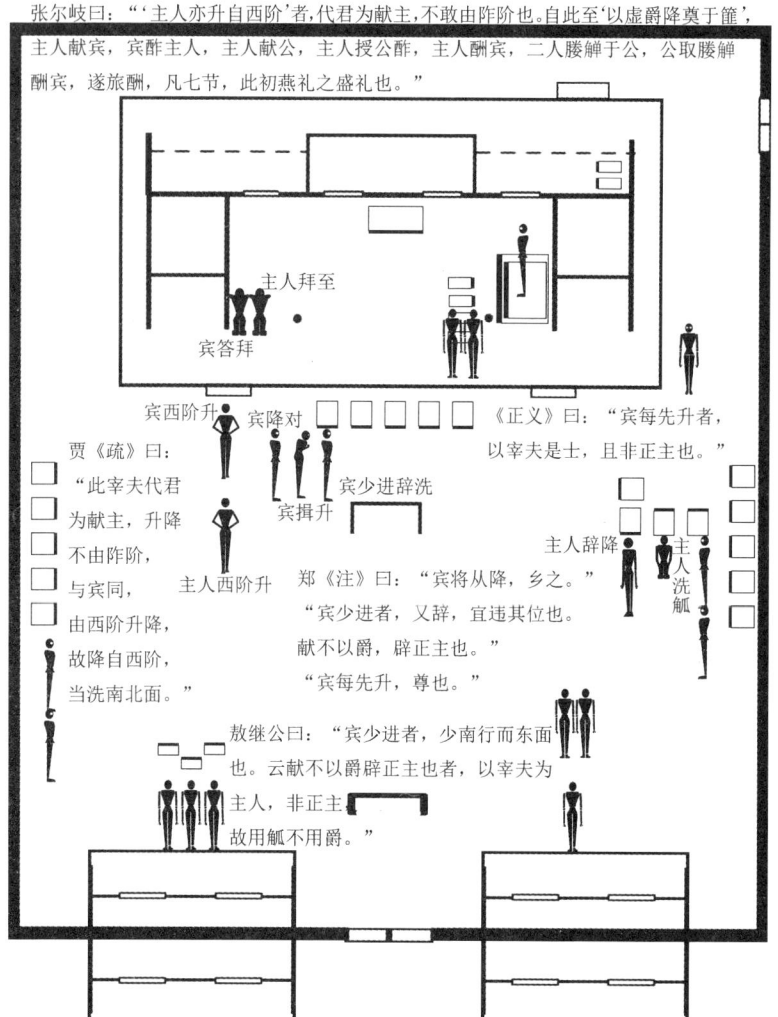

6-6-1 主人献宾图一

贾《疏》曰:"言'君物曰膳,膳之言善也'者,言君物,总众物之名。上云设膳篚,设膳尊,膳之言善,所以别于臣子之尊篚也。云'酌君尊者,尊宾也'者,大夫为宾,宾亦臣子,而酌膳尊,尊宾故也。必尊之者,立宾以对君故也。"

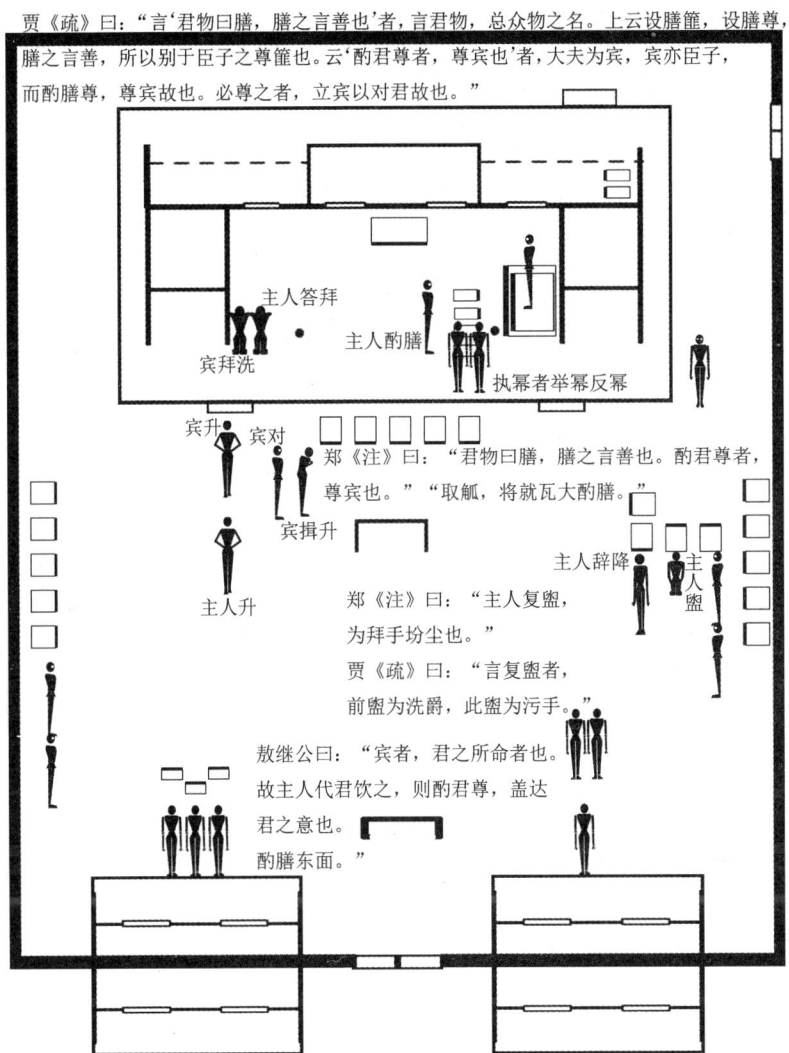

6-6-2 主人献宾图二

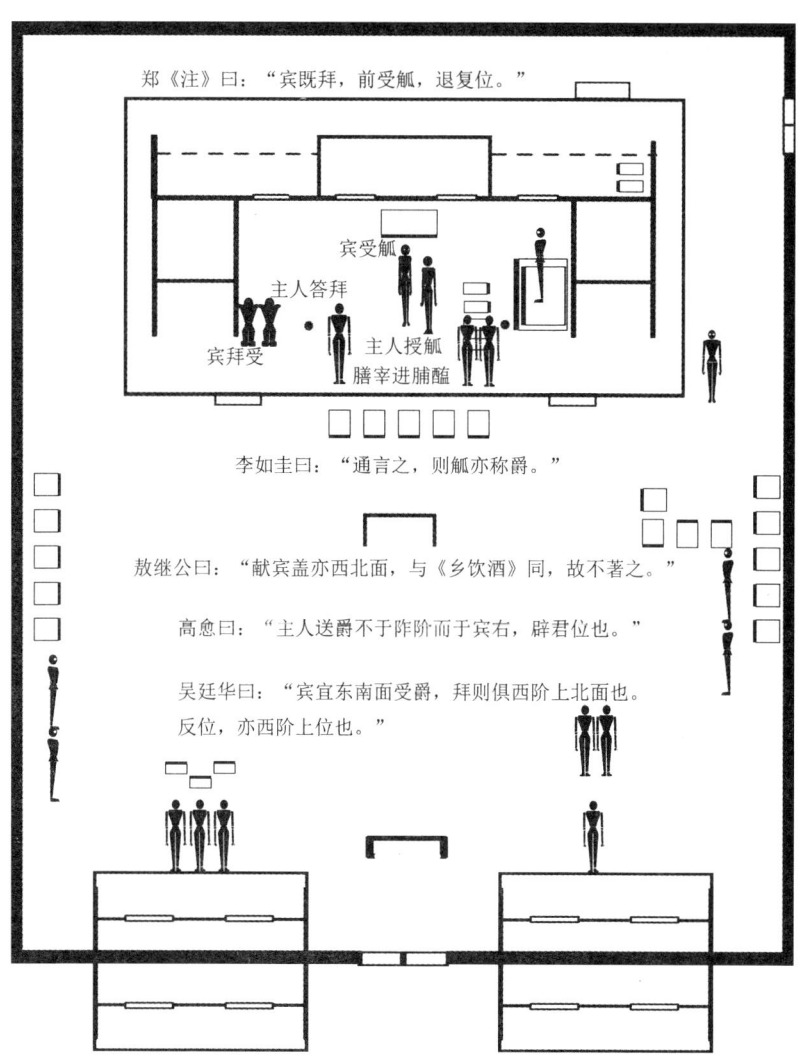

6-6-3 主人献宾图三

燕 礼　17

贾《疏》曰："云'降席，坐奠爵拜'，郑云'降席，席西'，不言面，案前体例降席，席西，拜者皆南面，拜讫则告旨。"

郑《注》曰："降席，席西也。旨，美也。"

郑《注》曰："遂拜，拜既爵也。"

郑《注》曰："折俎，牲体骨也。《乡饮酒》记曰：宾俎，脊、胁、肩、肺。"

贾《疏》曰："引《乡饮酒》记者，《燕礼》不言宾之牲体之数，此《燕礼》既与《乡饮酒》同用狗，则与此宾之牲体数同，故引以为证也。"

《正义》曰："宾拜俱在西阶上，拜告旨独在筵西者，承上降席来，又下始言西阶上，则告旨之拜，不在阶上也。"

敖继公曰："执爵兴，主人乃答拜。凡答拜皆于所答者兴乃为之。经或不言其兴，文省耳。"

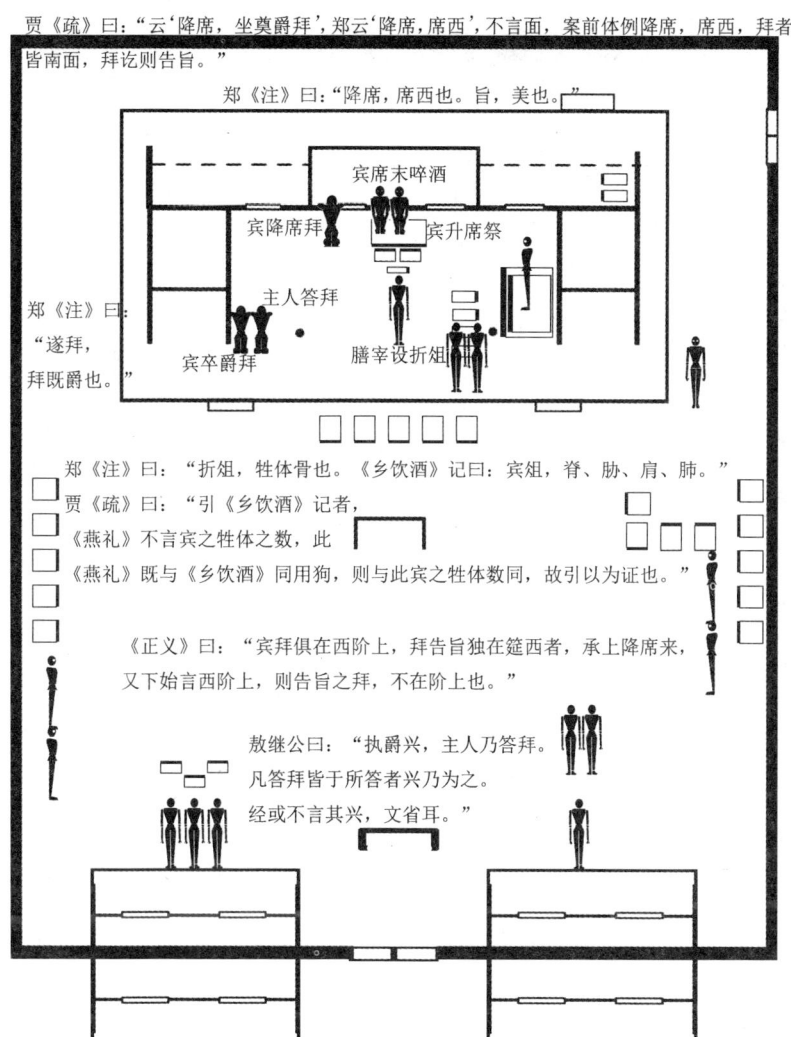

6-6-4　主人献宾图四

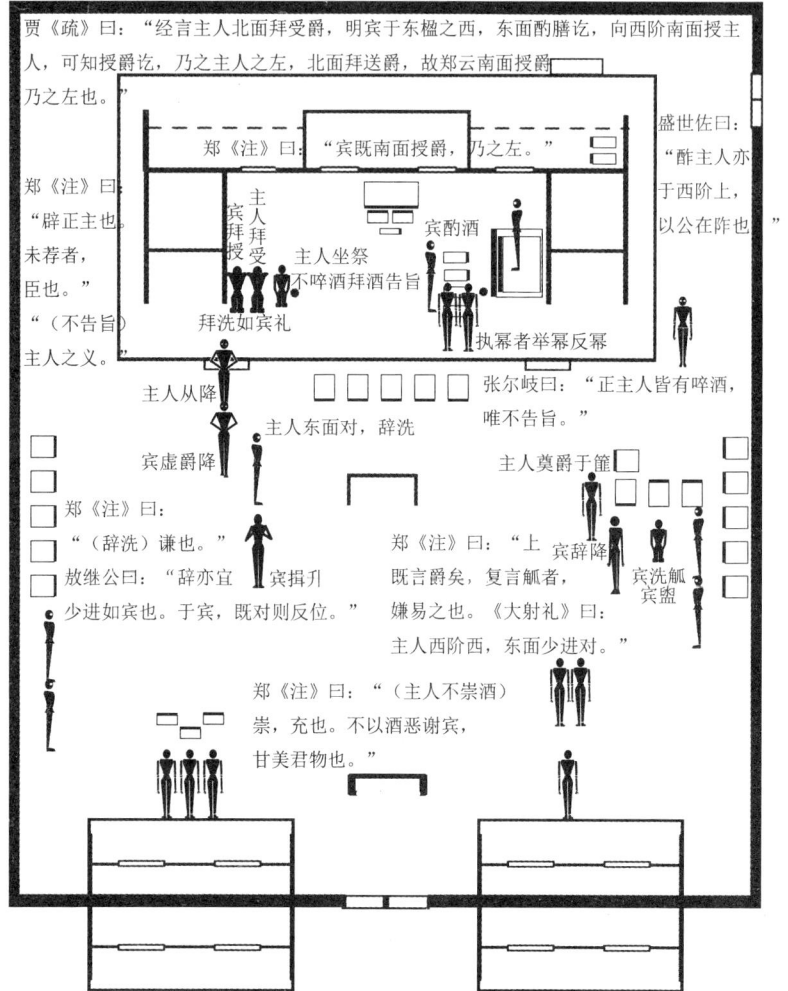

6-7-1 宾酢主人图

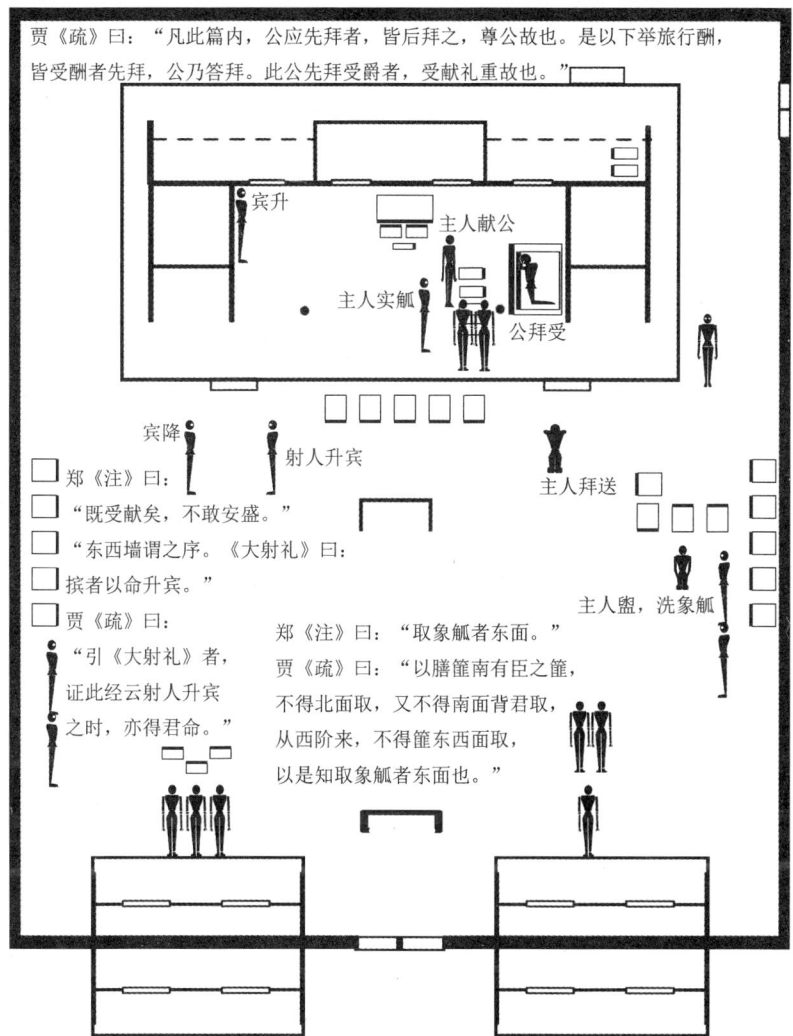

6-8-1 主人献公图一

贾《疏》曰:"谓膳宰赞授肺,立卒爵。又上文士荐脯醢,皆是异于宾,故言凡以广之。"

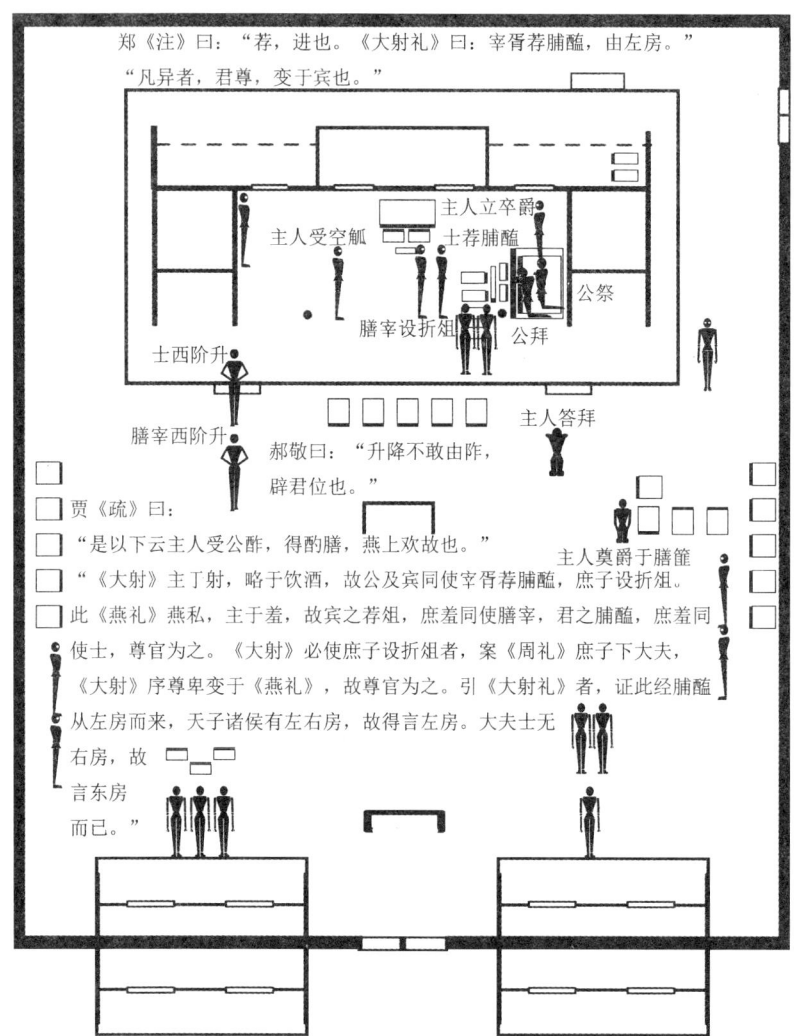

敖继公曰:"君尊,不兴取肺,未祭则授之,既祭则受之。""不拜酒者,以其为己物也,不拜酒则亦不啐酒。""公于其臣乃先拜既者,亦献礼重也。"

6-8-2 主人献公图二

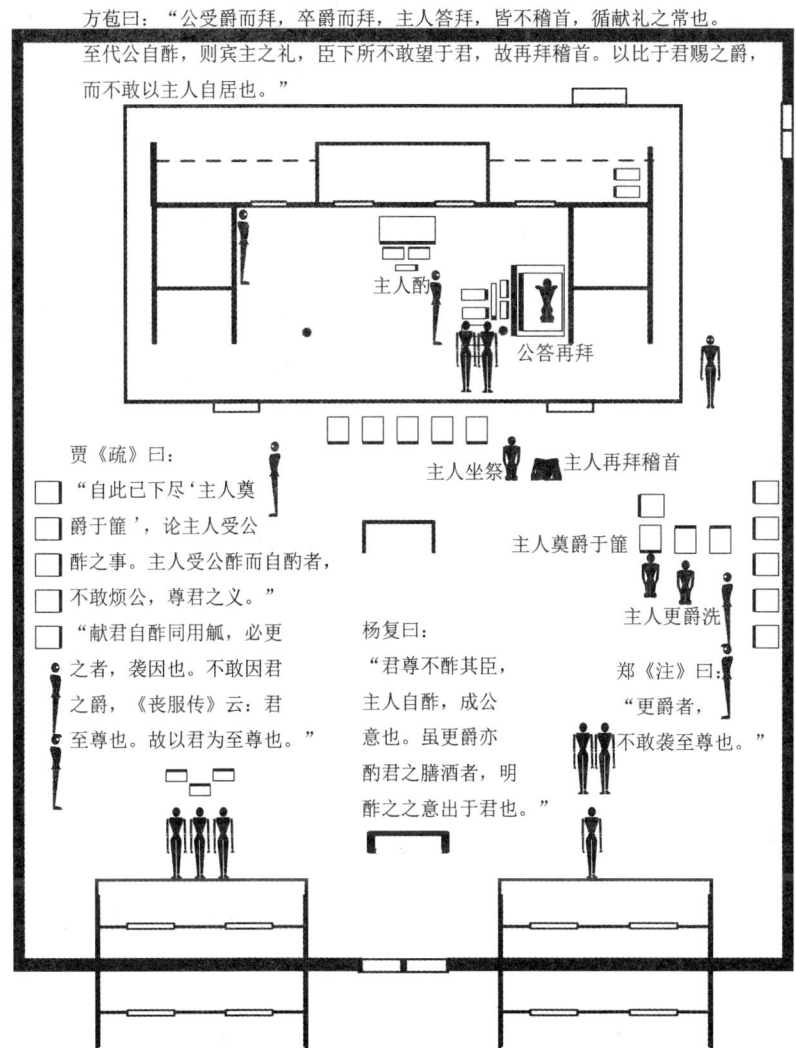

6-9-1 主人自酢于公图

李如圭曰："宾酢主人酌膳，不敢卑主人，主人酬宾酌散，不敢自尊也。"

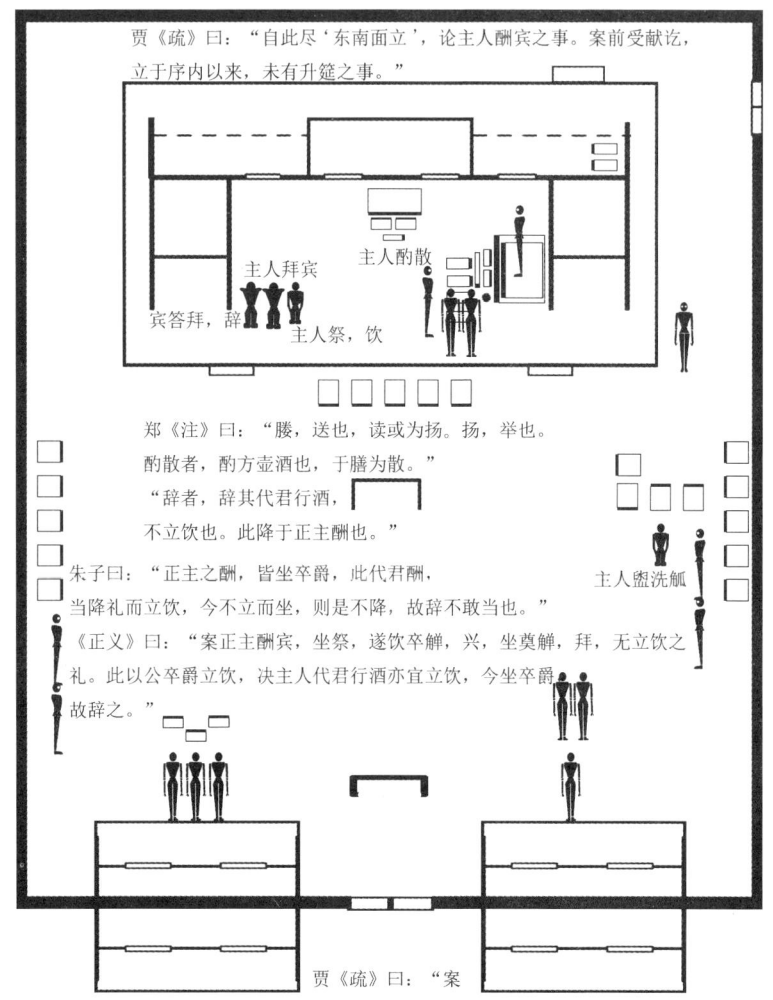

6-10-1 主人酬宾图一

敖继公曰："主人酬宾不奠，乃授之者，亦与士礼异者也。主人拜，亦于宾右。"

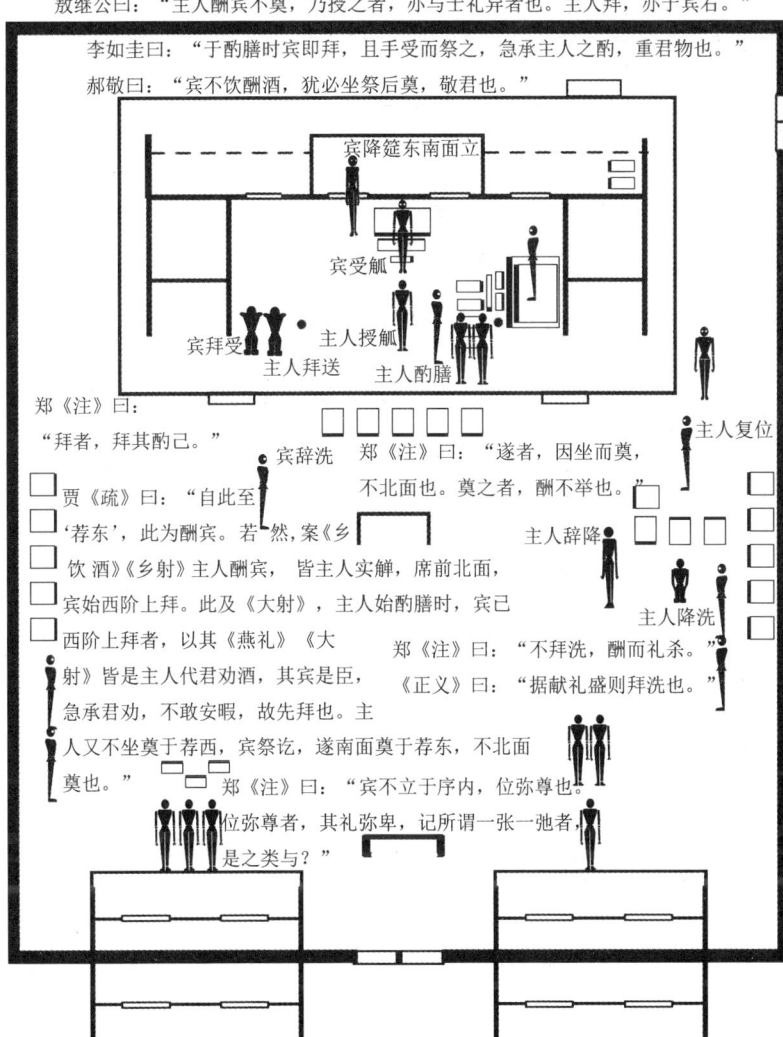

6-10-2 主人酬宾图二

吴廷华曰："献毕未乐宾，即行旅酬之礼者，重饮也。""二大夫，皆最长者也。"

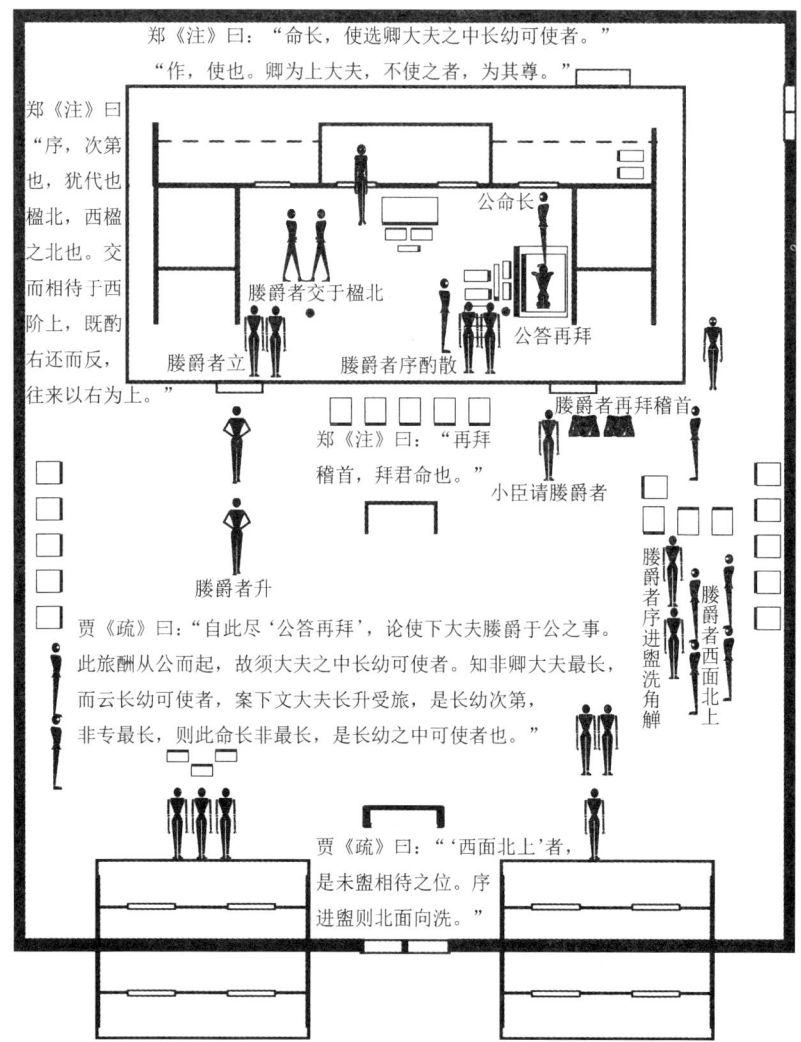

6-11-1 二人媵觯于公图一

燕礼 25

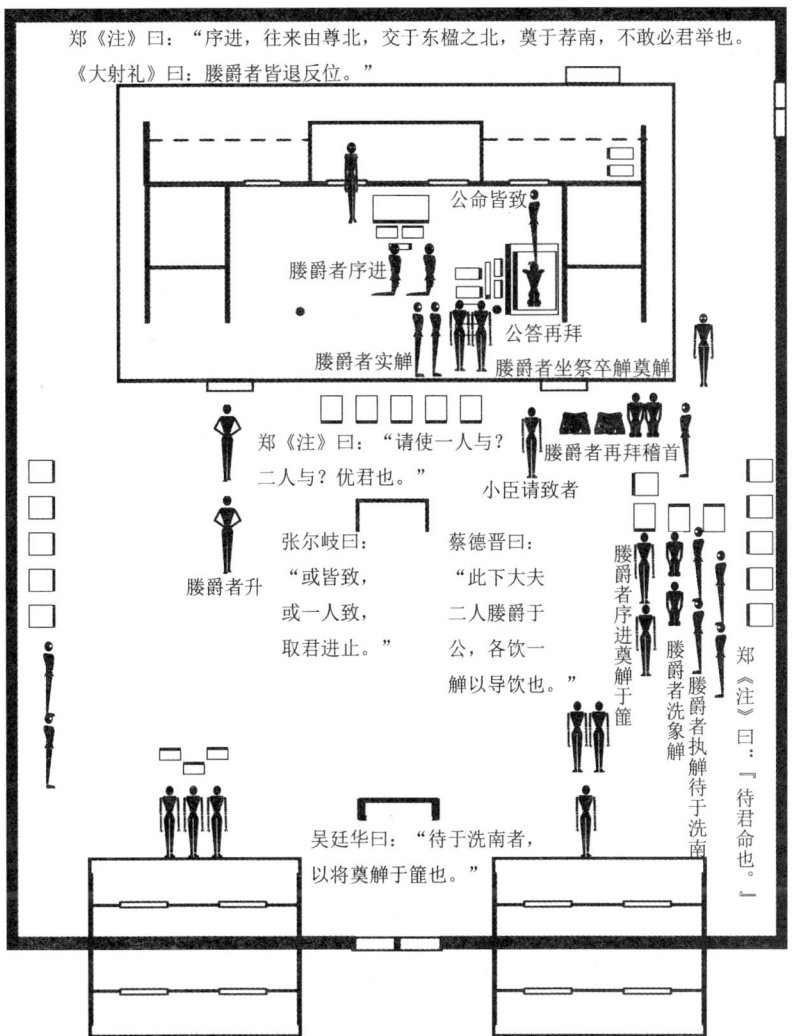

6-11-2 二人媵觯于公图二

贾《疏》曰:"自此至'奠于篚',论公为宾举旅之节。公坐取大夫所媵觯者,取上楹北觯。"

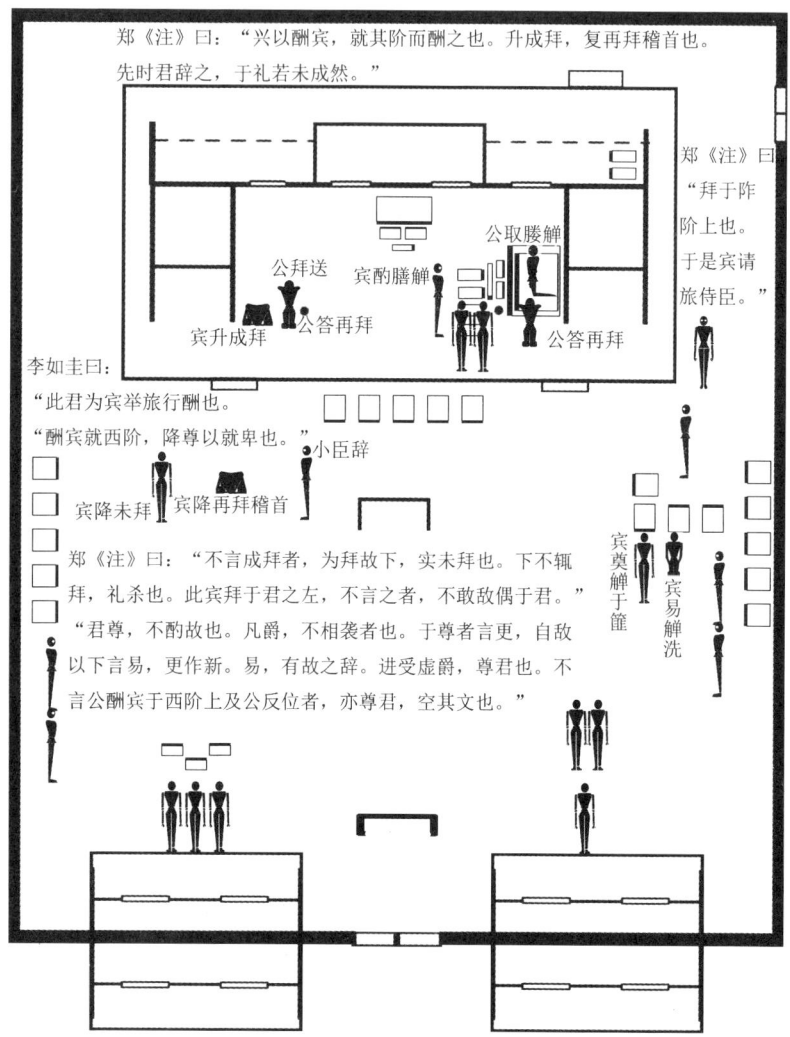

6-12-1 公举媵爵酬宾遂旅酬图一

燕 礼 27

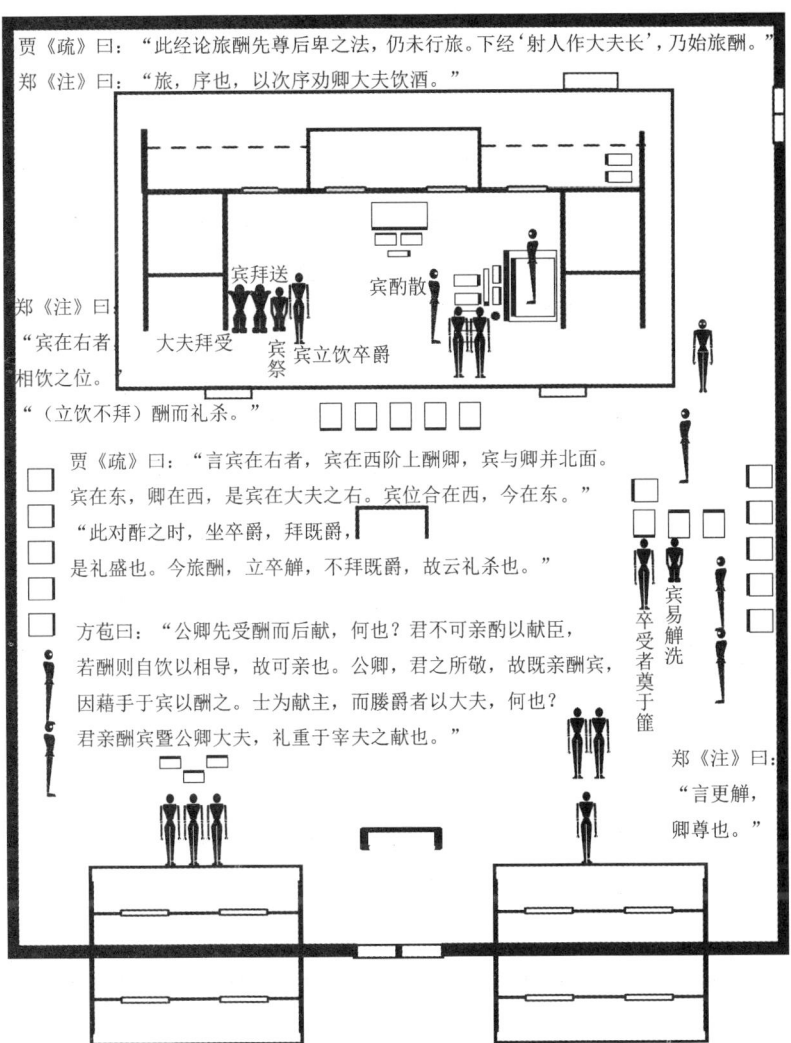

贾《疏》曰:"此经论旅酬先尊后卑之法,仍未行旅。下经'射人作大夫长',乃始旅酬。"
郑《注》曰:"旅,序也,以次序劝卿大夫饮酒。"

郑《注》曰:
"宾在右者,
相饮之位。
"(立饮不拜)酬而礼杀。"

贾《疏》曰:"言宾在右者,宾在西阶上酬卿,宾与卿并北面。
宾在东,卿在西,是宾在大夫之右。宾位合在西,今在东。"
"此对酢之时,坐卒爵,拜既爵,
是礼盛也。今旅酬,立卒觯,不拜既爵,故云礼杀也。"

方苞曰:"公卿先受酬而后献,何也?君不可亲酌以献臣,
若酬则自饮以相导,故可亲也。公卿,君之所敬,故既亲酬宾,
因藉手于宾以酬之。士为献主,而媵爵者以大夫,何也?
君亲酬宾暨公卿大夫,礼重于宰夫之献也。"

郑《注》曰:
"言更觯,
卿尊也。"

6-12-2 公举媵爵酬宾遂旅酬图二

郑《注》曰："酬而后献卿，别尊卑也，饮酒成于酬也。"

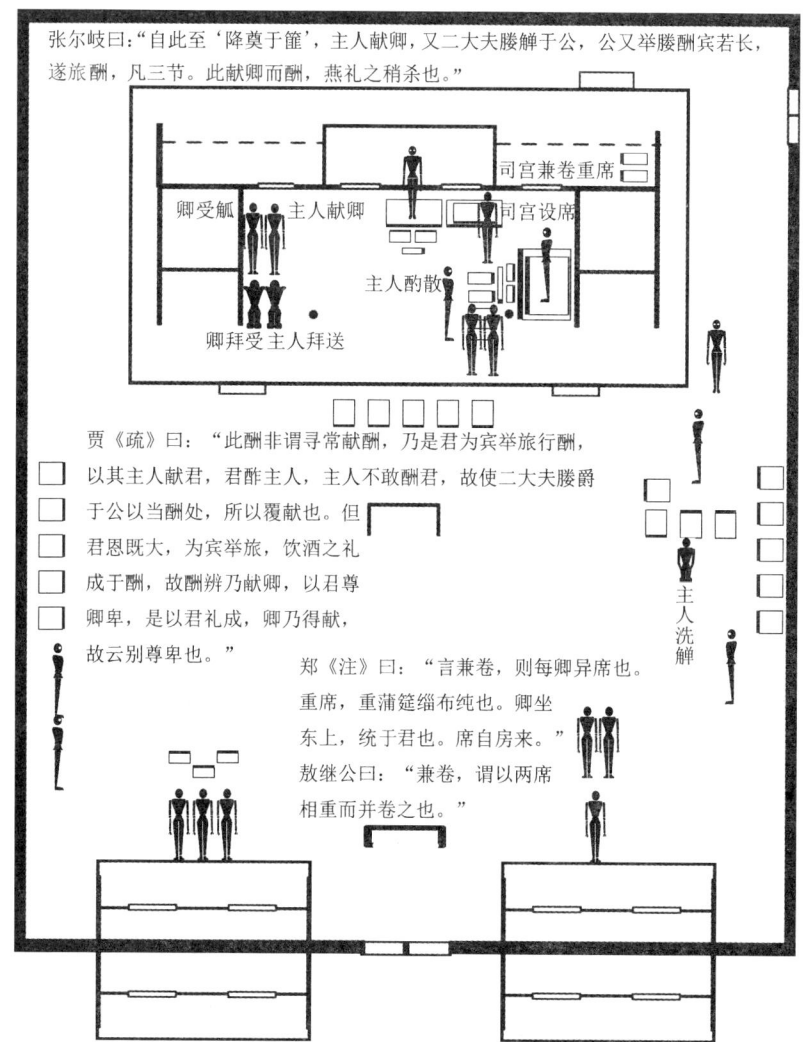

6-13-1 主人献卿或献孤图一

燕礼 29

张尔岐曰:"以君有加席两重,此虽蒲筵一种,重设,嫌其两重,与君同也。"

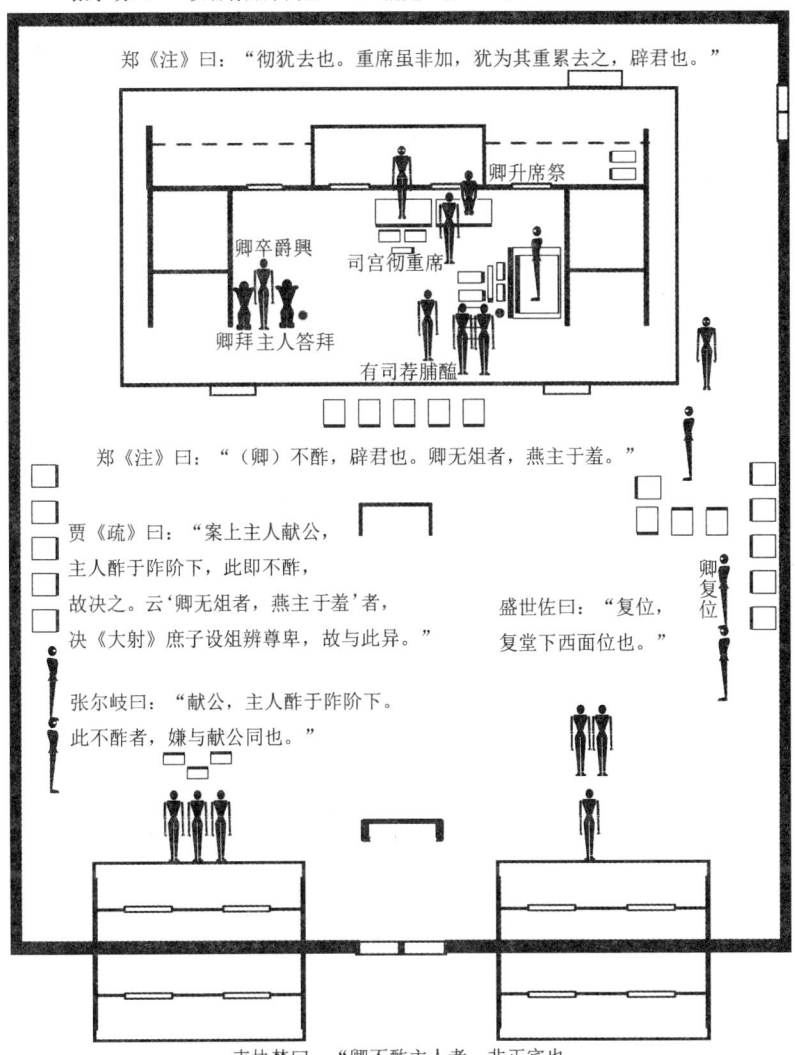

6-13-2 主人献卿或献孤图二

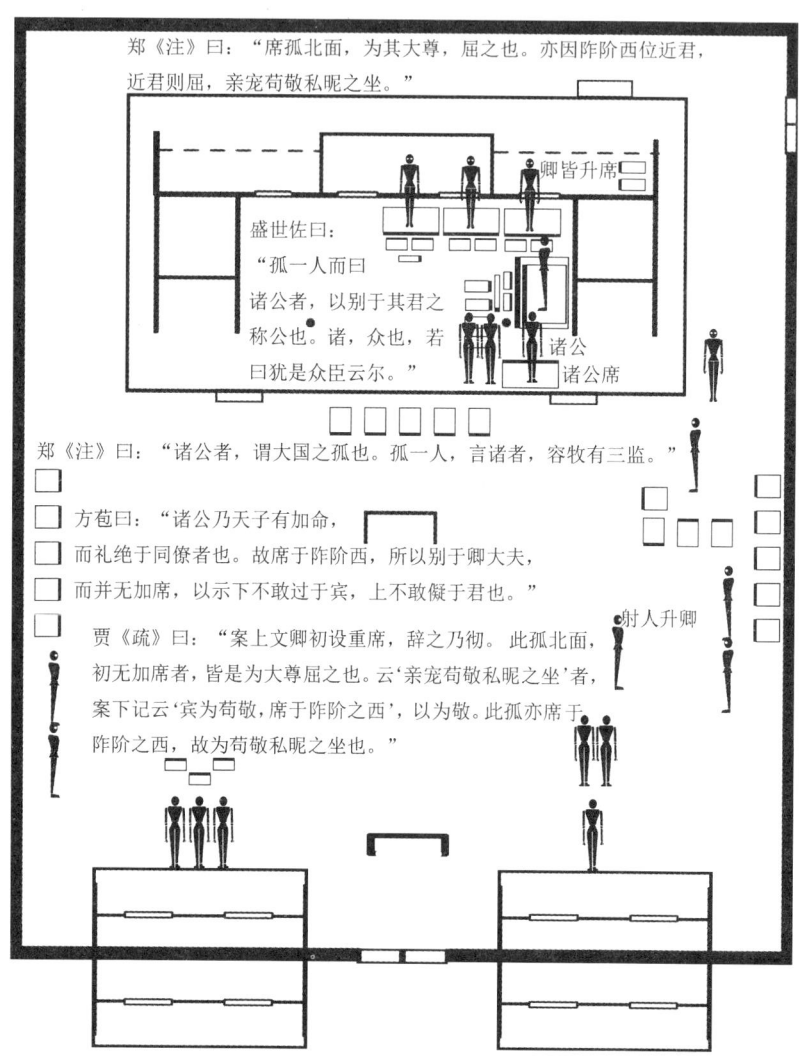

6-13-3 主人献卿或献孤图三

张尔岐曰："二大夫媵爵，自阼阶下皆北面再拜稽首至执觯待于洗南，皆与前二人媵爵者同也。"

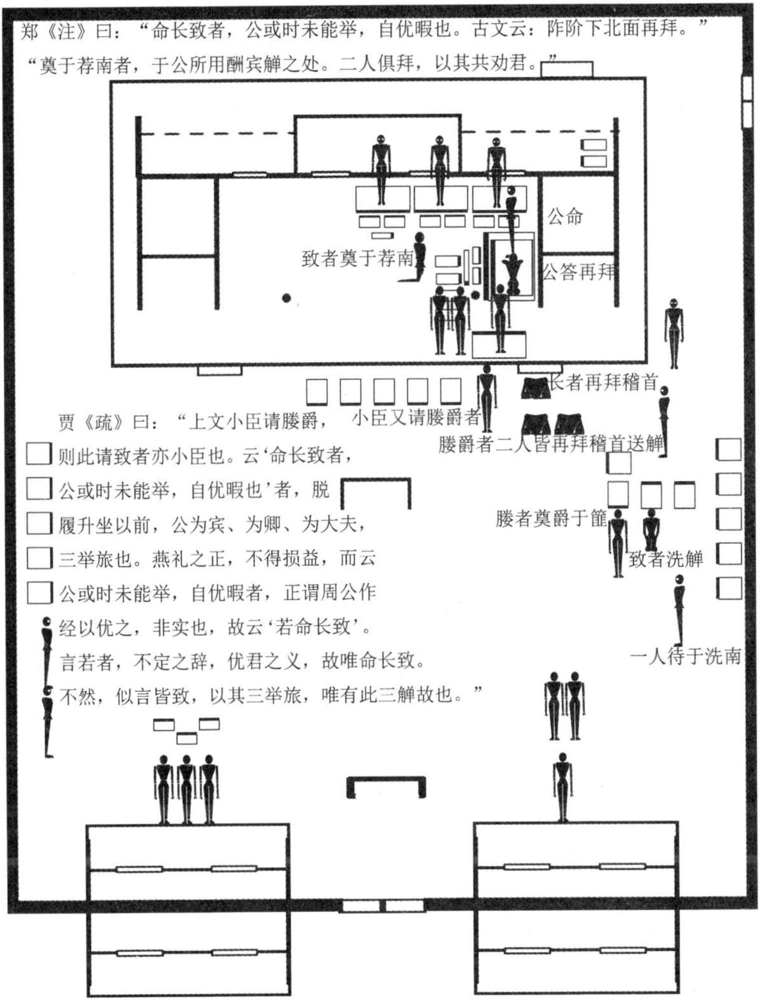

郑《注》曰："命长致者，公或时未能举，自优暇也。古文云：阼阶下北面再拜。"

"奠于荐南者，于公所用酬宾觯之处。二人俱拜，以其共劝君。"

公命
致者奠于荐南　　公答再拜

长者再拜稽首
小臣又请媵爵者
媵爵者二人皆再拜稽首送觯

贾《疏》曰："上文小臣请媵爵，
则此请致者亦小臣也。云'命长致者，
公或时未能举，自优暇也'者，脱
履升坐以前，公为宾、为卿、为大夫，
三举旅也。燕礼之正，不得损益，而云
公或时未能举，自优暇也，正谓周公作
经以优之，非实也，故云'若命长致'。
言若者，不定之辞，优君之义，故唯命长致。
不然，似言皆致，以其三举旅，唯有此三觯故也。"

媵者奠爵于篚

致者洗觯

一人待于洗南

敖继公曰："不致者亦拜，以始者并
受君命，宜终之也。亦拜于阼阶下。"

6-14-1　再请二大夫媵爵图

敖继公曰："在堂者酬讫，大夫乃升受旅酬以辩。言大夫卒受，以见士不与也。"

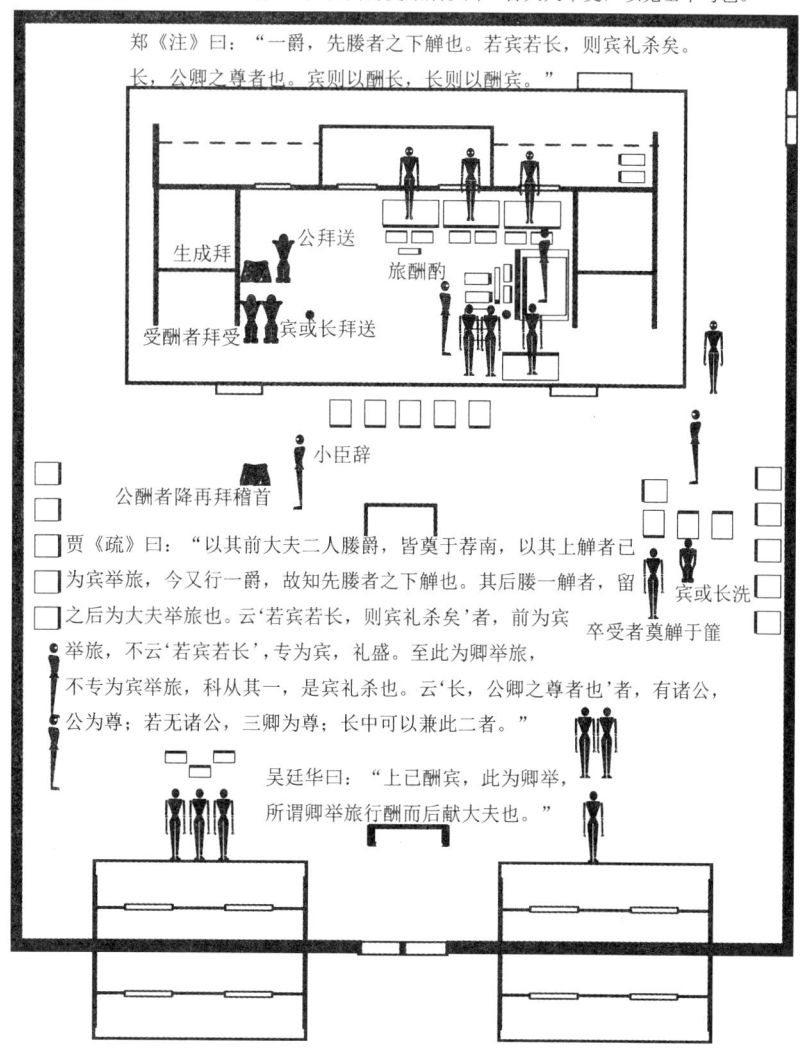

6-15-1 公又行爵为卿举酬图

郑《注》曰："既，尽也。不拜之者，礼又杀。"

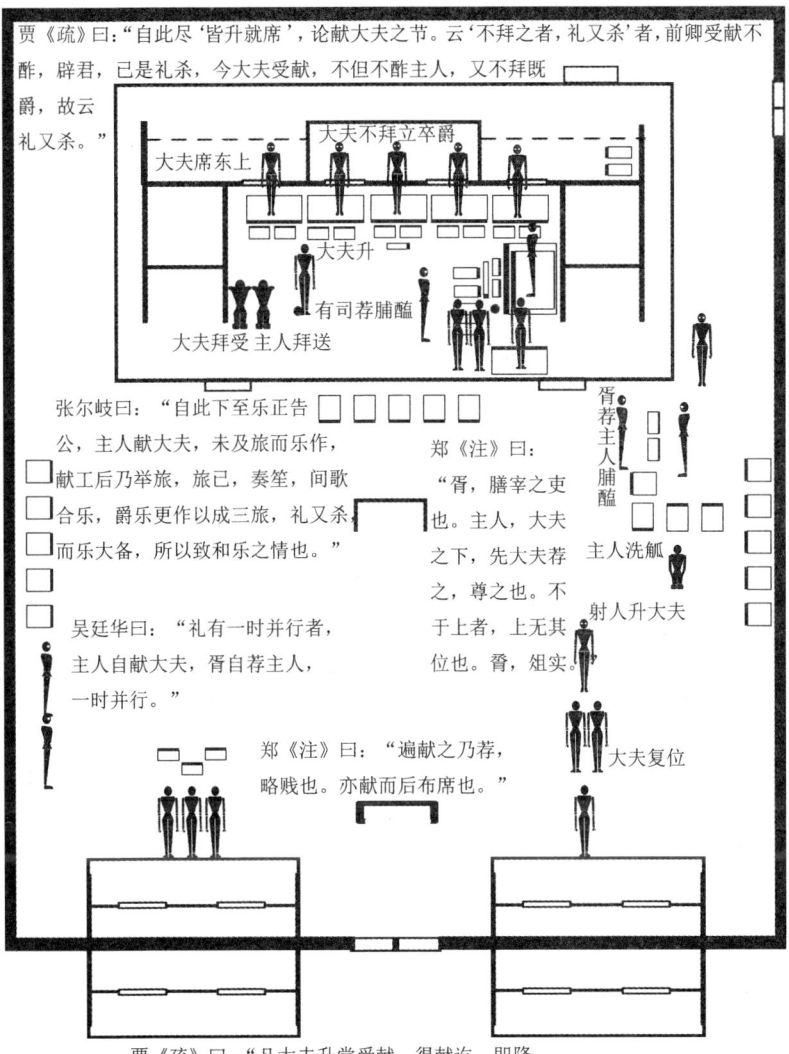

6-16-1 主人献大夫兼有胥荐主人之事图一

贾《疏》曰:"自此至'降复位',论作乐之事。此上下作乐之中有四节:升歌一,笙二,间三,合乐四。"

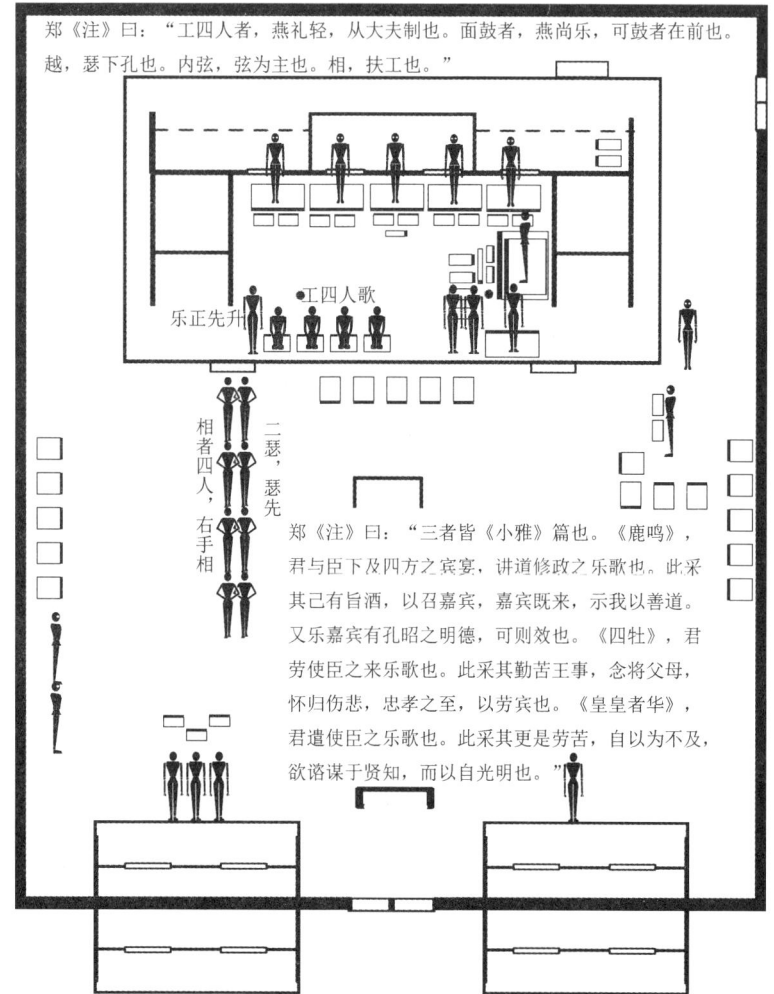

方苞曰:"燕礼与乡饮酒礼乐正先升,大射则后工而升,何也?此二礼,笙入间歌合乐备举,而后乐正告乐备,故先升以示并监堂上下之乐也。"

6-17-1 升歌图

燕 礼 35

郑《注》曰:"工歌乃献之,贱者先就事也。左瑟,便其右。一人,工之长者也。工拜于席。"

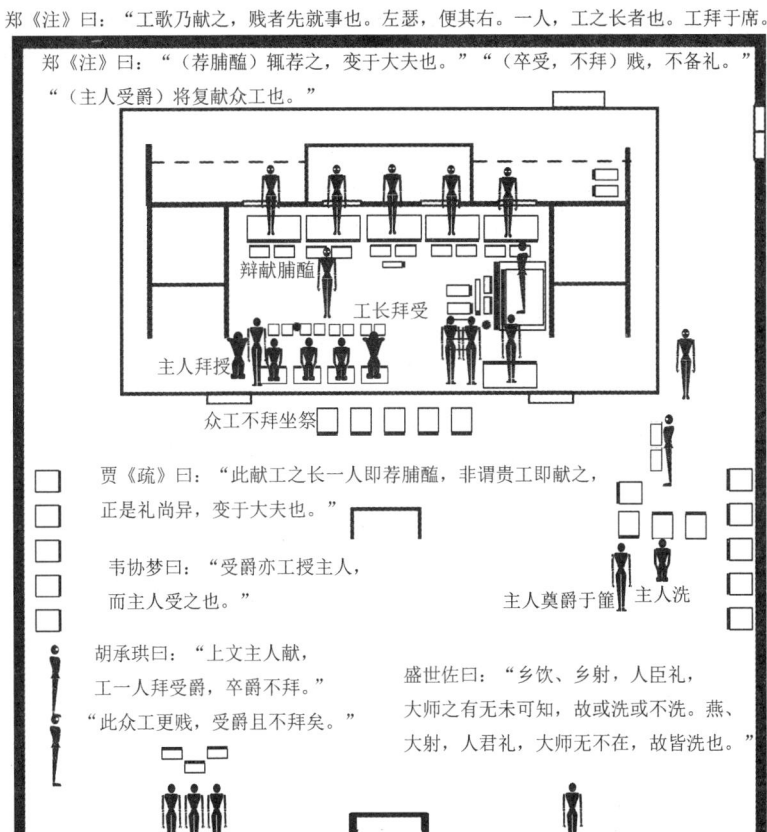

6-18-1 献工图

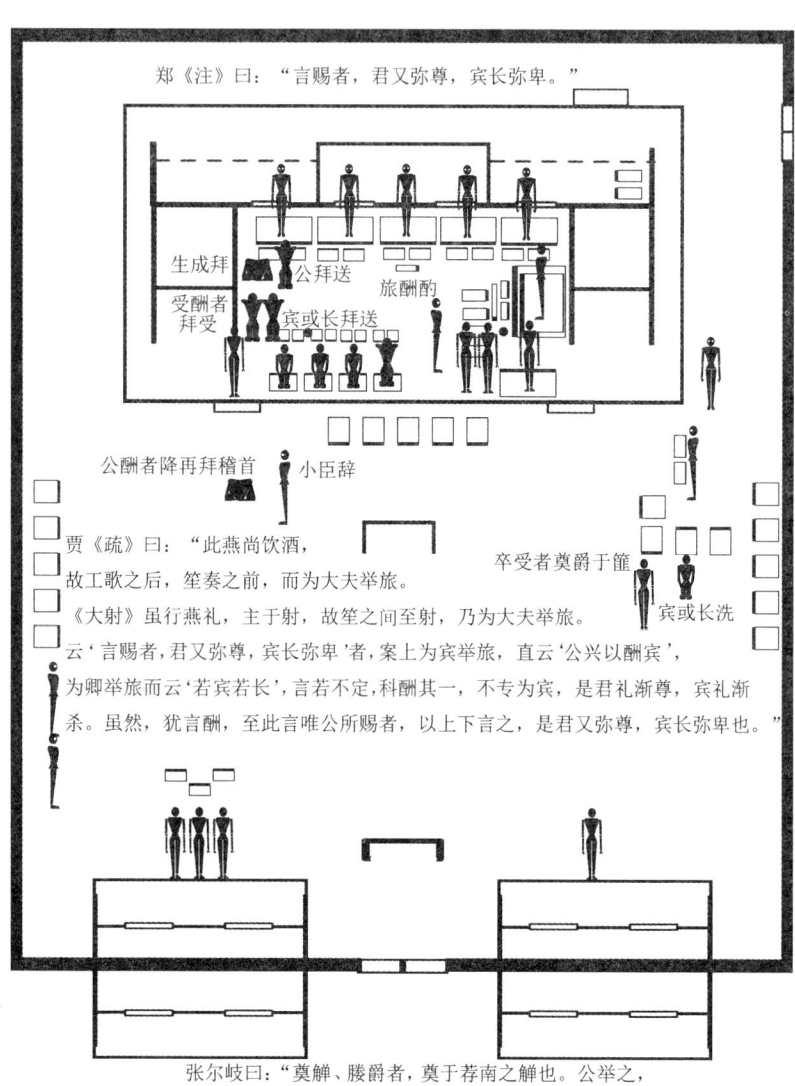

6-19-1　公三举旅以成献大夫之礼图

郑《注》曰:"(卒)旅毕也。"

贾《疏》曰:"言旅毕者,谓为大夫举旅酬,行于西阶之上,或从宾或从卿,次第尽大夫,故云旅毕也。"

郑《注》曰:"以笙播此三篇之诗。县中,县中央也。《乡饮酒礼》曰:磬南北面奏《南陔》《白华》《华黍》。皆《小雅》篇也,今亡,其义未闻。昔周之兴也,周公制礼作乐,采时世之诗以为乐歌,所以通情相风切也,其有此篇明矣。后世衰微,幽、厉尤甚,礼乐之书,稍稍废弃,孔子曰:吾自卫反鲁,然后乐正,《雅》《颂》各得其所。谓当时在者而复重杂乱者也,恶能存其亡者乎?且正考父校商之名《颂》十二篇于周大师,归以祀其先王。至孔子二百年之间,五篇而已,此其信也。"

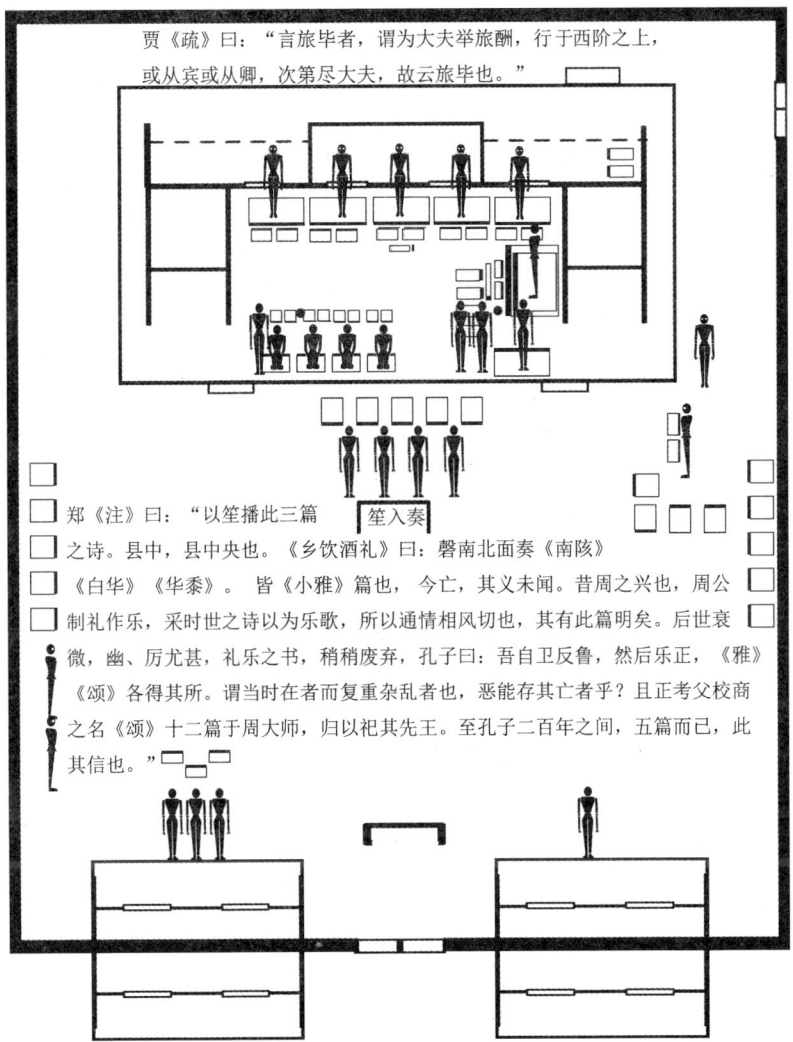

6-20-1　奏笙图

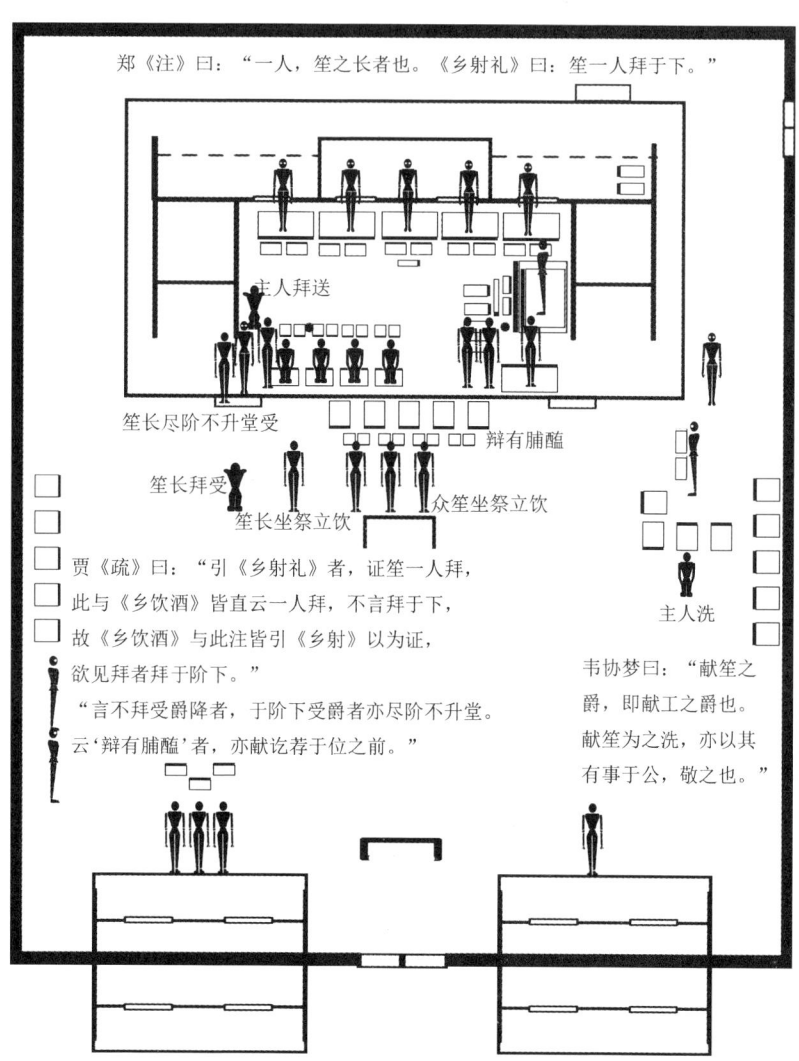

6-21-1 献笙图

郑《注》曰："间，代也，谓一歌则一吹也。六者皆《小雅》篇也。《鱼丽》言大平年丰物多也，此采其物多酒旨，所以优宾也。《南有嘉鱼》言大平君子有酒，乐与贤者共之也，此采其能以礼下贤者，贤者累蔓而归之，与之宴乐也。《南山有台》言大平之治以贤者为本也，此采其爱友贤者，为邦家之基，民之父母，既欲其身之寿考，又欲其名德之长也。"

郑《注》曰："夫妇之道者，生民之本，王政之端。此六篇者，其教之原也。故国君与其臣下及四方之宾燕，用之合乐也。乡乐者，《风》也。《小雅》为诸侯之乐，《大雅》《颂》为天子之乐。《乡饮酒》升歌《小雅》，礼盛者可以进取。燕合乡乐者，礼轻者可以逮下也。"

"正歌者，声歌及笙各三终，间歌三终，合乐三终，为一备。备亦成也。"

"言由（乐正）楹内者，以其立于堂廉也。（乐正）复位，位在东县之北。"

6-22-1　歌笙间作遂合乡乐而告乐备图

郝敬曰："以我安，即命辞。以，犹与也。我，君自谓也。宾安则我安，望诸臣共留，安宾因以安君，殷勤诚切之至也。"

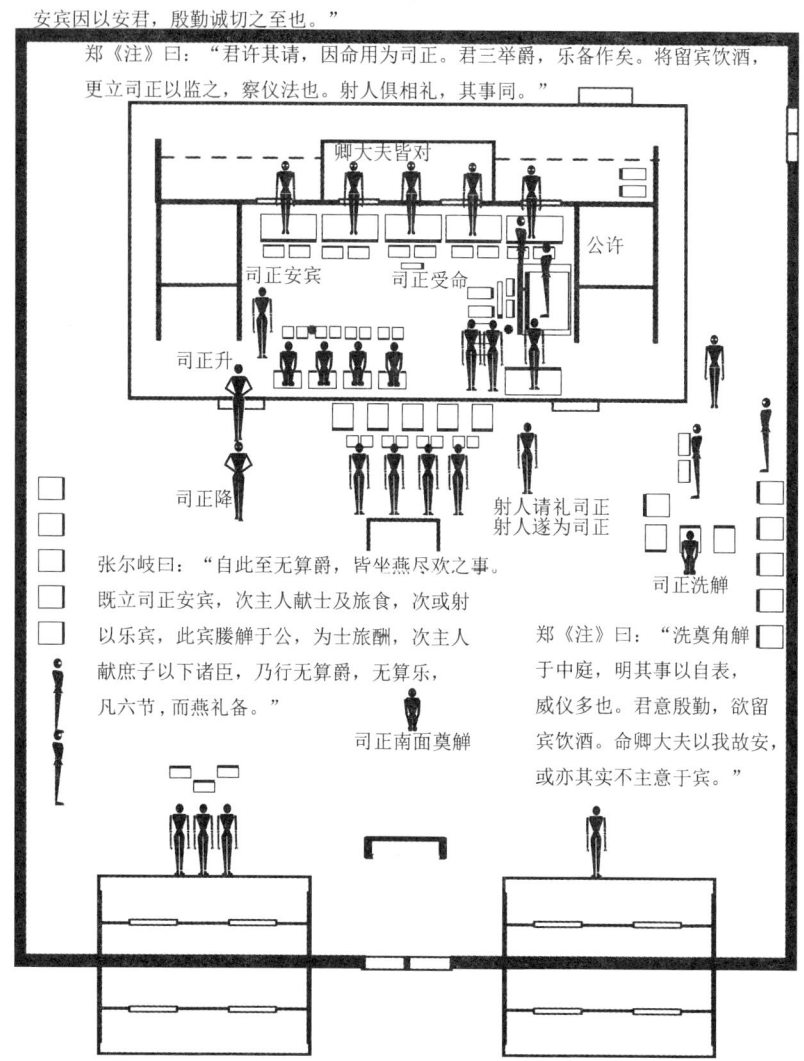

6-23-1 立司正命安宾图一

贾《疏》曰:"'右还,将适觯南,先西面也'者,右还,谓奠时南面,乃以右手向外而西面,乃从觯西南行,而右还北面。云'必从觯西,为君之在东也'者,若从觯东而左还北面,则背君,以其君在阼故也。云'自严正,慎在位者',以司正监察,主为使人严正谨慎,故先自严正谨慎也。"

"必使不空者,亦欲使众人睹,知司正严正之处。"

郑《注》曰:"右还,将适觯南,先西面也。必从觯西,为君之在东也。少立者,自严正,慎其位。"

"反奠虚觯,不空位也。"

吴廷华曰:"虚觯必洗而奠之者,盖以待愆仪之罚也。"

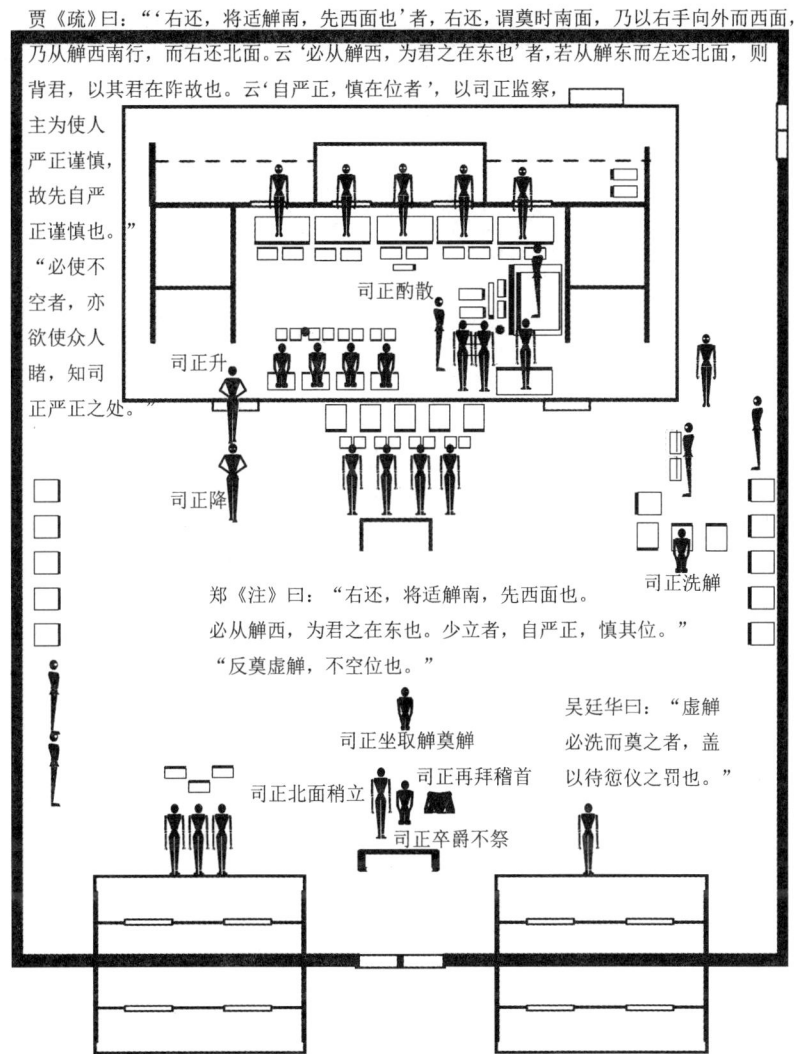

6-23-2 立司正命安宾图二

盛世佐：“司正于此不请坐于宾，而遽请彻俎于公，亦君礼之异也。”

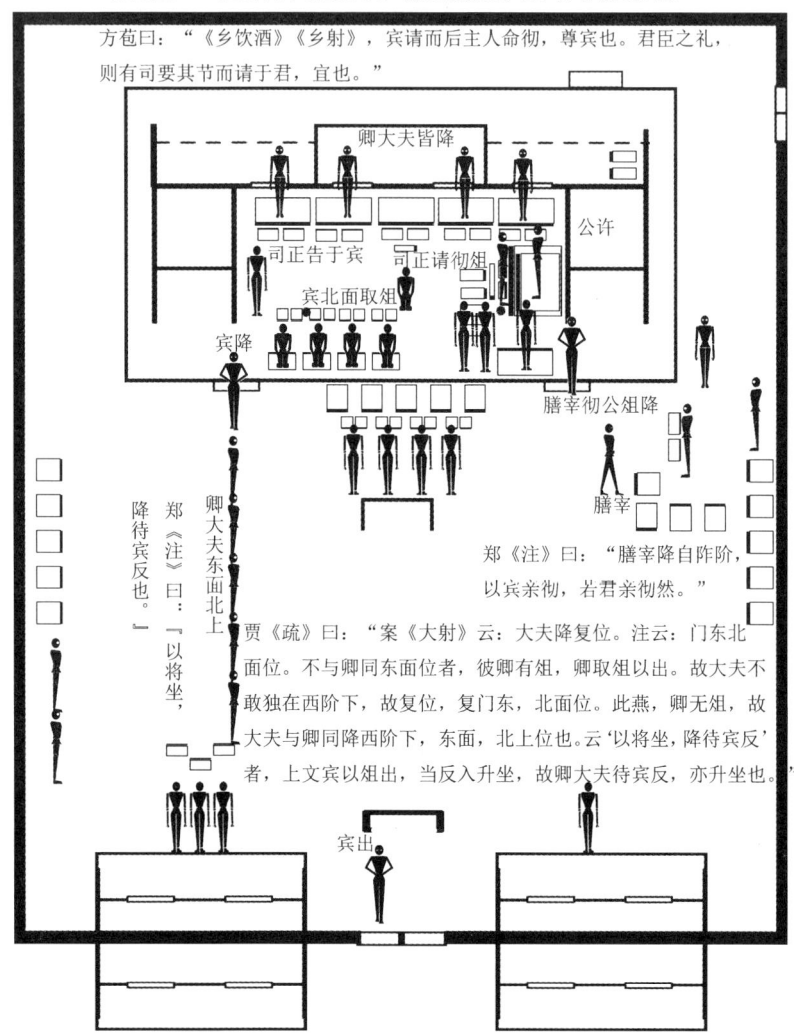

敖继公曰：“曏者司正受命安宾，诸公卿大夫宾奉命而不敢辞以俎，今司正请彻之，所以达其意。告于宾，亦西阶上北面告之。既则降燕，宾乃执俎而出者，臣也，出授从者。”

6-23-3　立司正命安宾图三

郝敬曰:"初献大夫于西阶上,未升席,故未祭,至是升席乃祭也。"

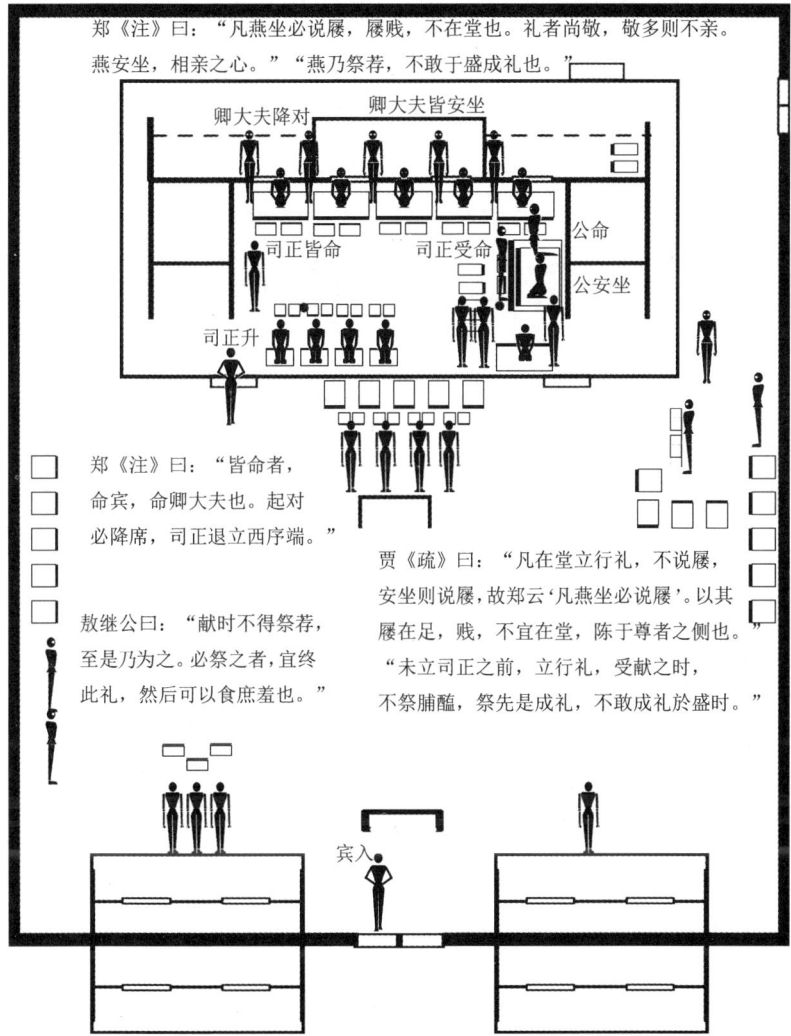

6-23-4 立司正命安宾图四

李如圭曰："士堂上无位。故燕坐乃献之。"郝敬曰："乐终而后献士,士卑也。"

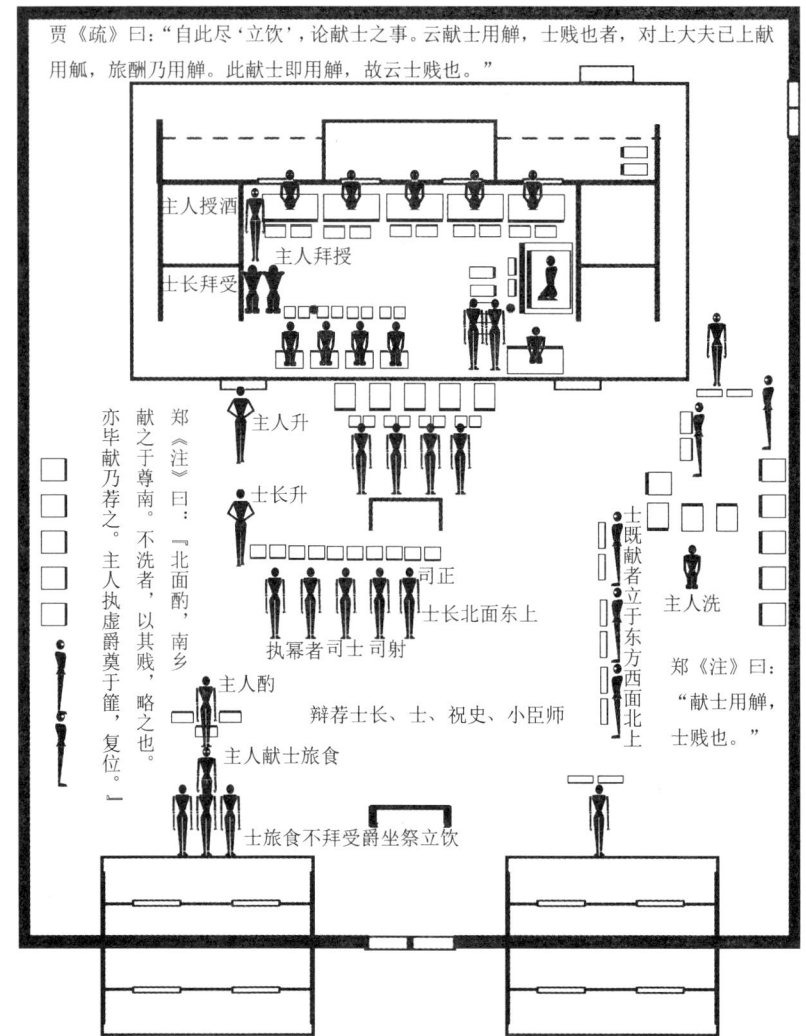

6-24-1 主人辨献士及旅食图

燕 礼　45

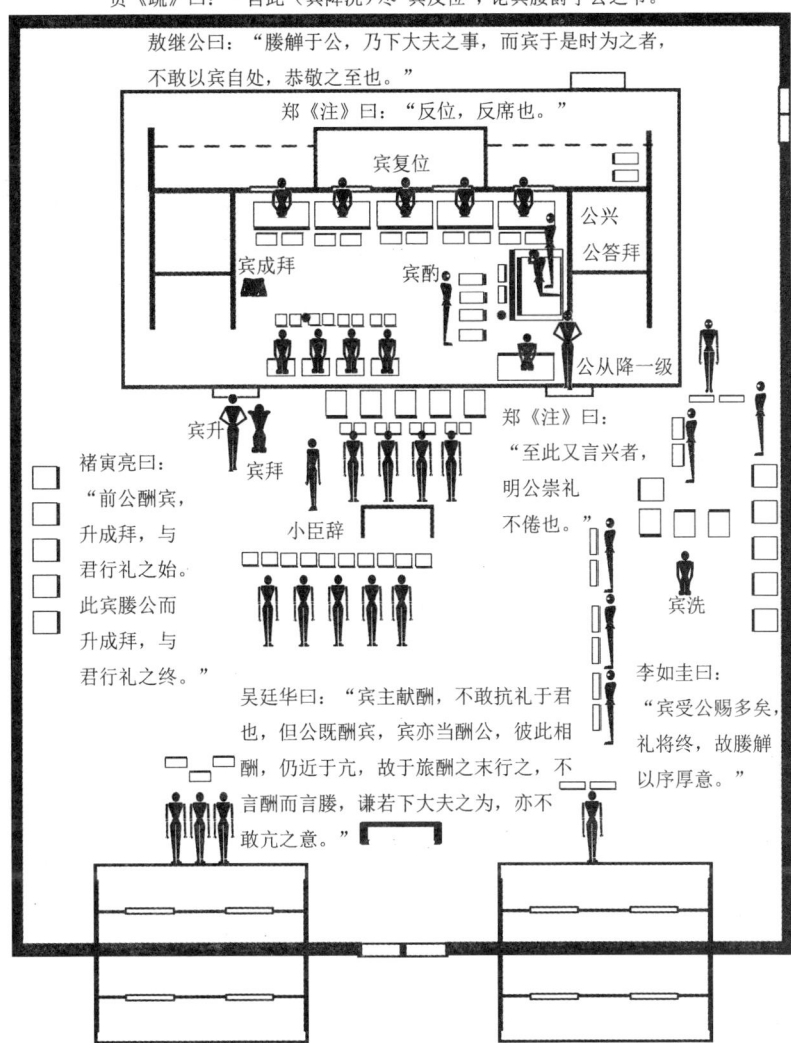

6-26-1　宾媵觯于公公为士举旅酬图一

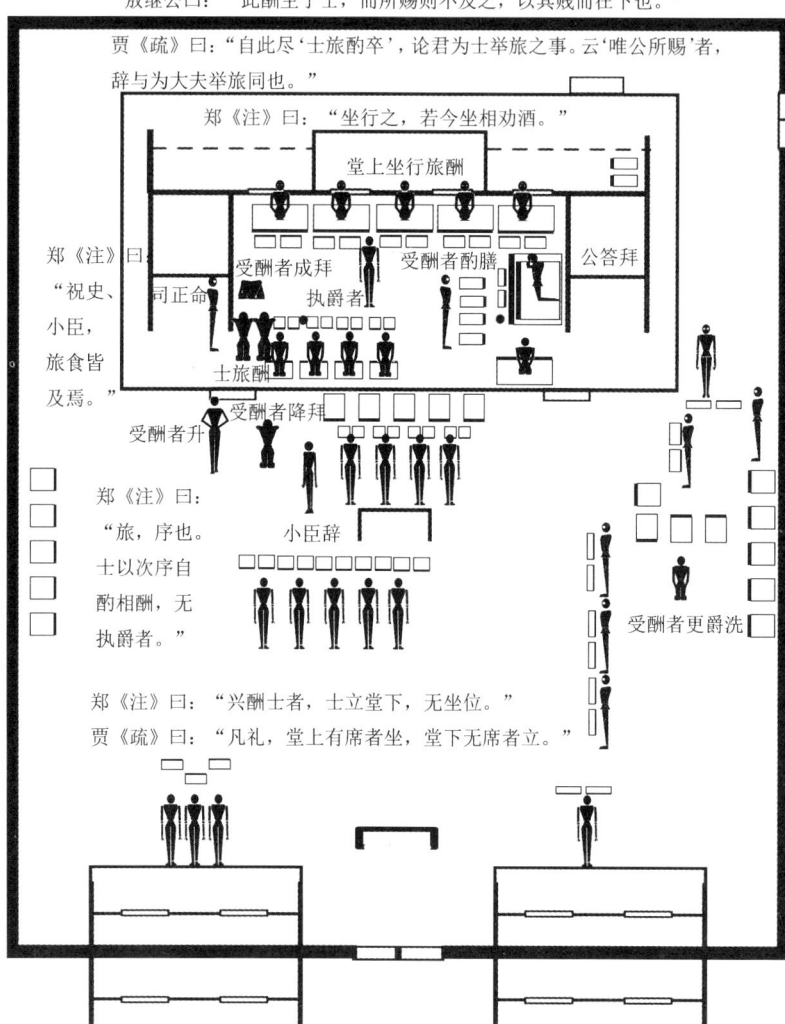

6-26-2　宾媵觯于公公为士举旅酬图二

贾《疏》曰:"云'外内'者,案《周礼》有外内命夫,郑《注》云:外命夫六乡以出。案内命夫,朝廷卿大夫,则诸侯臣在乡遂及采地者为外臣,在朝廷者为内臣。但外内臣皆献于西阶上,此献于阼阶,故云别于外内臣也。"

郑《注》曰:"庶子,掌正六牲之体及舞位,使国子修德学道,世子之官也,而与膳宰、乐正联事。乐正亦学国子以舞。左右正,谓乐正、仆人正也。小乐正立于西县之北,仆人正、仆人师、仆人士立于其北北上。大乐正立于东县之北。若射,则仆人正、仆人士陪于工后。内小臣、奄人掌君阴事阴令,后夫人之官也,皆献于阼阶上,别于外内臣也。献正下及内小臣,则磬人、钟人、镈人、鼓人、仆人□之属尽献可知也。凡献皆荐也。"

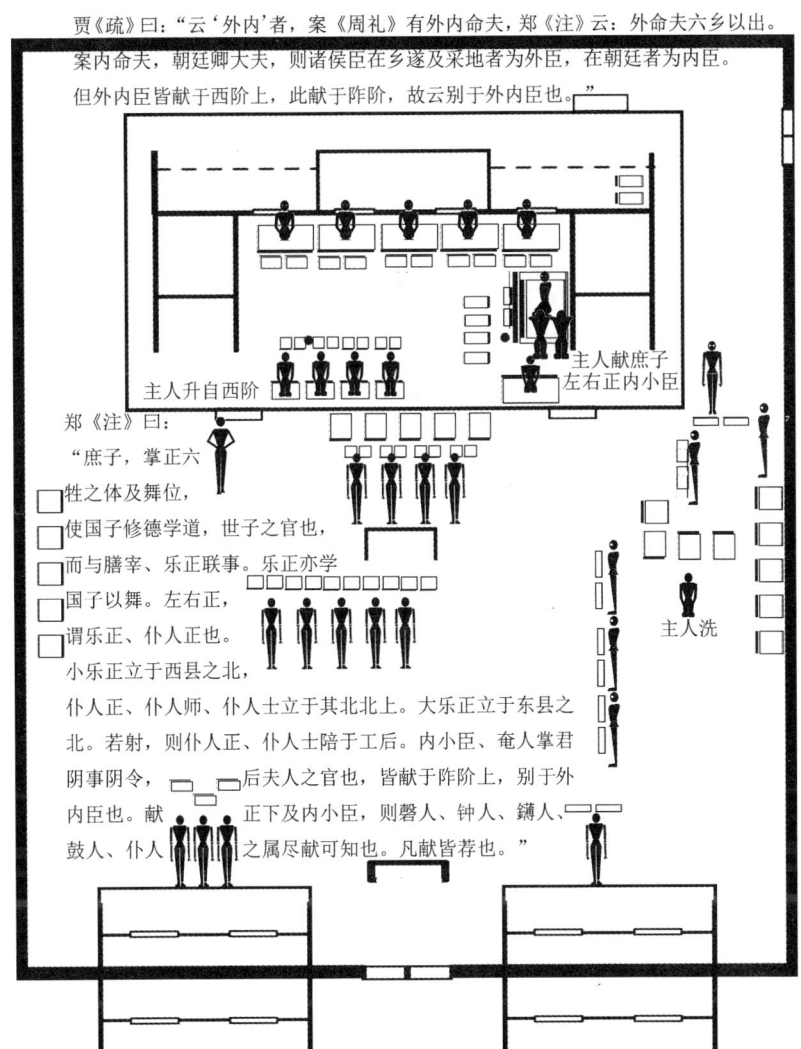

贾《疏》曰:"知'凡献皆荐'者,以经云'如献士',献士有荐,凡此等献讫,明皆有荐也。"

6-27-1 主人献庶子以下于阼阶图

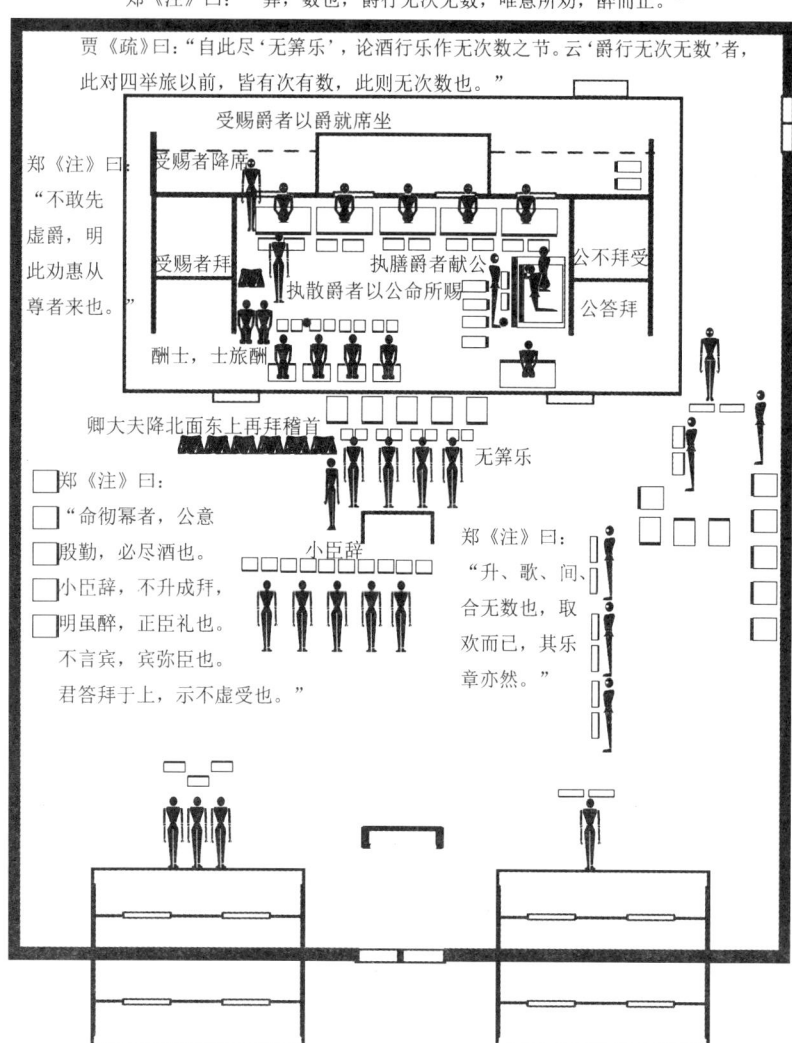

6-28-1 燕末无筭爵无筭乐图

燕礼 49

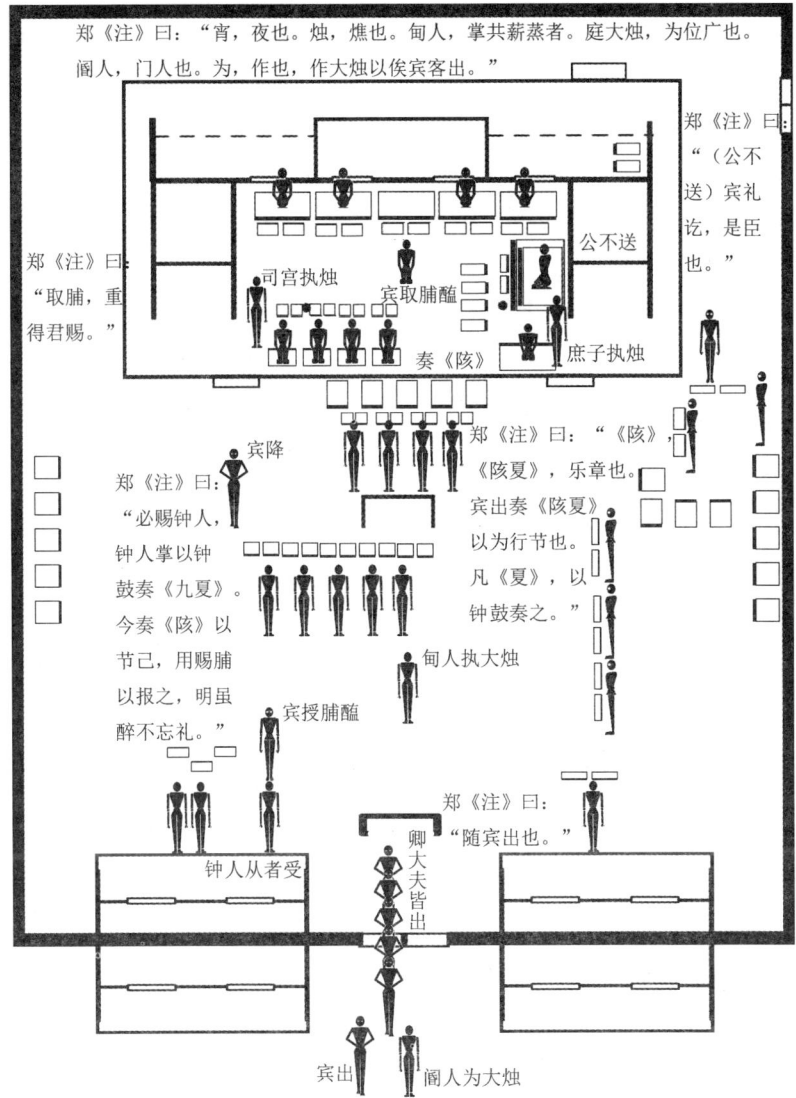

6-29-1 燕毕宾出图

燕礼所涉人物一览表（左）

燕礼第六

一、燕礼

	（一）礼前准备					（二）宾主互献					（三）三举旅酬				
	1.告戒设具	2.君臣就各次	3.命宾	4.诸执役者	5.纳宾	6.主献宾	7.宾酢主人	8.主酢公	9.主人自酢于公	10.主酬宾	11.二人媵觯于公	12.公酢膝爵酬宾遂旅酬	13.主人献卿或献孤	14.再请膝爵二大夫媵爵	15.公又行爵为卿举旅酬
公				执幂者	就位			受酒	拜		命媵爵者，受酒	酬宾		命媵爵者，受爵	旅酬
卿大夫		就位北进；卿大夫稍进		升堂就位									辞重席，受酬酒，祭		旅酬
宾			辞，出由		就位		酢主人	降		受酒		受酬酒，旅酬			旅酬
使者	亦称正宾，即燕礼中主要受到酬劳招待的人。一般由诸侯国君亲自指定的大夫担任														
使者之介	即外邦派来出使的人														
相者	为诸侯国国君相礼者，与乐工之相者不同。主要负责代诸侯国国君推辞异国使臣的进酒														

燕礼第六

一、燕礼

续表 1

	(一) 礼前准备					(二) 宾主互献						(三) 三举旅酬			
	1.告戒设具	2.君臣就各次位	3.臣位	4.请命执役者	5.纳宾	6.主人献宾	7.宾酢主人	8.酢主公献	9.主人自酢于公	10.主人酬宾	11.二人媵觯于公	12.公举媵爵酬宾遂旅酬	13.公举媵爵献卿或献孤	14.再请二大夫媵爵	15.公又行爵为卿举酬
大夫															
士															
主人						洗觯酌酒献宾奠觯宾辞洗受酒祭呼	受酒祭洗觯酌酒献主人受酒	洗觯酌酒献公受辞毕饮卒觯	自酢于觯	盥手洗觯酌酒酬宾			洗觯献媵诸公		
宰	宰夫,是为诸侯"掌客者也"。贾公彦认为"君与其臣燕礼行礼时,宰夫充任主人,以代国君向群臣献酒,郑玄认为,之所以如此安排的原因是"君于其臣莫为宾,不亵献,以其尊,莫敢抗也"。														
	亦称为宰胥,是任职于诸侯的属吏,亦为膳宰之属官。胡匡衷认为其为士旅食者担任,主要负责佐膳宰为主人掌管食物,详见《仪礼释官》卷二														
膳宰				请命,立进羞者		进脯醢,设折俎		设折俎助祭							
	膳宰就是"掌君饮食羞者也"。贾公彦认为膳宰的地位"单与夫",胡匡衷认为其当以中士为之,相当于《周礼》中的膳夫														
小膳宰	小膳宰是"膳宰之佐也",并应当是由士担任的。据《燕礼》记载,小膳宰负责向卿大夫进献脯醢脂羞,但其服务对象不包括宾											向卿献进食物			

续表 2

		燕礼第六													
		一、燕礼													
		(一) 礼前准备					(二) 宾主互献					(三) 三举旅酬			
		1.告戒设具	2.君臣就位各就次	3.命宾	4.请命执役者	5.纳宾	6.主人献宾	7.宾酢主人	8.主人献公	9.主人自酢于公	10.主人酬宾	11.二人腾觯于公	12.公举腾觯酬宾遂旅酬	13.公举献卿或献孤	14.再请二大夫腾爵	15.公又行爵为卿举酬
公士																
司士	司士,是"掌国中之士"者。郑玄认为,诸侯之司士当以上士为之								荐脯醢							
射人	射人,是诸侯"掌以射法治射仪"之人。胡匡衷认为"掌国中之士"者。郑玄认为,诸侯的射人有"上士二人为长,其下亦有中士、下士之属,谓之大射正,谓之小射正(司射之佐)也"	告具			请宾,命宾		纳宾			升宾				升宾	升卿		
司正																
乐正	胡匡衷认为由下大夫担任,其应当由下大夫担任,主要负责主持音乐的演奏。小乐正为其佐															
大师	大师,为"工之长"。胡匡衷认为,任职于诸侯的大师应以上士为之															
工	工,是乐人的通称。《仪礼》中的由主担任的乐工主要有大师、少师、笙、钟人、磬人、镈人、鼓人。参见《仪礼释官》卷三															

燕礼 53

续表 3

燕礼第六

		一、燕礼													
		(一) 礼前准备				(二) 宾主互献					(三) 举旅酬				
		1.告戒设具	2.君臣各就位次	3.臣就位次	4.请命执役者	5.纳宾	6.主人献宾	7.宾酢主人	8.主人献公	9.主人自酢于公	10.主人酬宾	11.二人媵觯于公	12.公举媵觯酬宾遂旅酬	13.主人献卿或献孤	14.再请二大夫媵爵	15.公又行爵为卿举旅酬
笙	笙人、钟人、鼓人、磬人等分别是负责演奏笙、钟、鼓、磬等乐器的乐工。														
磬人															
镈人															
鼓人															
钟人															
悬乐器	任职于诸侯,身份不详,负责悬挂乐器。详见《仪礼释官》卷二														
钟人从者															
仆人	因乐工都是盲人,故在其行礼事时需要人搀扶。据《仪礼》记载,仆人可以担任众乐工的相者。胡匡衷认为诸侯之小人疑即《周礼》中的"御仆",并认为当以"下士为之"														
戒群臣	布席、号室			请命,立幂者,执幂者,荐膳者									请命,立幂者,辞宾降		
小臣	小臣,是佐诸侯行礼事者。胡匡衷认为诸侯之小臣"亦上士为之",并认为《仪礼》中的小臣不仅担当《周礼》中小臣的职事,还兼任《周礼》中的大仆之职														

燕礼第六

		(一)礼前准备				(二)宾主互献						(三)三举旅酬		
	1.告戒设具陈设	2.君臣就位各次	3.命宾	4.请命执役者	5.纳宾	6.主献宾	7.宾主人	8.献酢	9.主人自酢公	10.主人酬宾	11.二人媵觯于公	12.公举觯酬宾遂旅酬	13.二举献卿或献孤	14.再请二大夫媵爵	15.公又行爵为卿举酬
司官	布席、陈设					司官,是"掌临者也"。胡匡衷认为诸侯之司官"当下士为之"							卷重席		
阍人	任职于诸侯,胡匡衷认为由土旅食担任,礼仪中主要负责执烛照明,详见《仪礼释官》卷二														
甸人	任职于诸侯,胡匡衷认为由土旅食担任,礼仪中主要负责执烛照明,详见《仪礼释官》卷二														
庶子	庶子,是"司马之属,掌正六牲之者也"。胡匡衷认为诸侯之庶子"当土上为之"														
祝史	祝史,也是祝官的一种。《大射》曰:"乃存土。"郑玄注曰:"亦者,亦土也。"小臣师亦就其位而存之														就位
弓人	弓人,是为君掌弓琴矢服的人。胡匡衷认为,诸侯同君者任要饮以后举行射礼,且诀定亲自参加射箭,弓人就要为他掌管射箭所用的弓														

续表 5

燕礼第六

一、燕礼

	(一) 礼前准备					(二) 宾主互献					(三) 三举旅酬				
	1.告戒设具	2.君臣就各位次	3.命宾	4.请命执役者	5.纳宾	6.主人献宾	7.宾酢主人	8.酢献公	9.主人自酢于公	10.主人酬宾	11.二人媵觯于公	12.公举媵爵酬宾遂旅酬	13.主人献卿或献孤	14.再请二大夫媵爵	15.公又行爵为卿举酬
士旅食	即席人在官任事,可担任旅人,隶仆等职,其地位略高于庶人但低于命士。郑玄认为,"旅",众也。士众也,所谓庶人在官者也。"详见《仪礼释官》卷二														
执幂者						启幂、覆启幂、覆幂									
媵爵者	即酌酒献诸侯国国君者,这也标志着旅酬的开始。一般由下大夫之长者担任										盥手、洗觯、献公			盥手、洗觯、献公	
有司		就位													
内小臣	任职于诸侯的官。郑玄认为,"奄人","掌君阴事阴令,后夫人之官也,皆献于阼阶上,别于外内臣也"。详见《仪礼释官》卷二														
附注	1014—1015	1015	1016			1016—1017		1017				1018	1018—1020		1020

燕礼所涉人物一览表（右）

	一、燕礼（三）三举旅酬					21. 献笙	22. 歌笙间作遂合乡乐而告乐备	23. 立司正命安宾	24. 司土辩献旅食	25. 主人因射以乐宾	26. 宾媵觯于公酬酢	27. 无算爵膳子以献庶子公以乐士举旅阼阶下	二、无算爵无算乐		
	16. 主人兼大夫献有胥荐主人之事	17. 升歌	18. 献工	19. 公三举旅献大夫之礼	20. 奏笙								28. 燕末无算爵无算乐	29. 燕毕宾出	30. 公与客燕
公				旅酬			立司正,命彻俎				受酒,酢酒		受酒,受酬者,命彻幂	赐脯	
卿大夫		受酒		旅酬			安坐				旅酬		受酬,酬士		
宾				旅酬			彻俎出庙				洗觯献公				
使者（办称正宾，即燕礼中主要受到酬劳招待的人。一般由诸侯国宾客自指定的大夫担任）															承命
使者之介（即外邦派来出使的人）															辞
相者（为诸侯国君相礼者，与乐工之相者不同。主要负责代诸侯国君推辞异国使臣的进酒）															代公辞异国使臣之进酒
大夫															为傧者命请宾

续表 1

燕 礼　57

	一、燕礼 (三)三举旅酬								二、无筭爵无筭乐						
	16.主人献大夫兼有酳主人之事	17.升歌	18.献工	19.公三举旅以成献大夫之礼	20.奏笙	21.献笙	22.歌笙同作遂合乡乐而告乐备	23.立司正命安宾	24.主人辨献士及献庶羞旅食	25.因射以乐宾	26.宾媵觯于公以无筭爵为士举旅酬	27.主公献庶子以无筭爵下于阼阶下小臣	28.燕末主公执爵酬无筭乐	29.宾出	30.公与客燕
士			受酒						受酒		旅酬				
主人			洗觚、酌酒、献工、受空爵			洗觚、酌酒、献笙			洗觯、酌土、献土旅食			献庶子、左右正、内小臣	执膳爵酬公执散爵者酬受酬者旅酬		
宰	宰，是为诸侯"掌宾客之献饮食者也"。贾公彦认为"诸侯掌夫是上"。诸侯国君在与群臣行燕礼时，宰夫充任主人，主要负责饮食相任，以代国君向群臣献酒。详见《仪礼释宫》卷二														
荐脯醢	亦称为宰胥，是任职于诸侯的属吏，亦为膳宰之属官。胡匡衷认为其由土旅者担任，相当于《周礼》中的膳夫														
膳宰	膳宰就是"掌宾饮膳羞者也"。贾公彦认为膳宰的地位"卑与掌夫"。胡匡衷表认为其当为中土为之，相当于《周礼》中的膳夫														
小膳宰	小膳宰是"膳宰之佐也"，并且应当是由土担任的。据《燕礼》记载，小膳宰负责向卿大夫进献脯醢庶羞，但其服务对象不包括宾														
公士															

续表 2

| | | 一、燕礼 ||||||||二、无算爵无算乐|||||||
| | | (三) 三举旅酬 |||||||| ||||||
		16. 主人兼献大夫兼胥荐主人之事	17. 升歌	18. 献工	19. 公三举旅以成献大夫之礼	20. 秦三	21. 献笙	22. 间歌	23. 立司正命安宾告乐备乡乐而合乐备	24. 主人辨献士及旅食旅食	25. 因而射以乐宾	26. 宾媵觯子公解子公献庶子以无算爵为士举旅酬	27. 主人献庶子以无算爵庶子以无算爵下下阵阶下	28. 无算爵无算乐	29. 燕末宾出	30. 公与客燕
司士	司士,是"掌国中之士"者。郑玄认为,诸侯之司士当以上士为之									受酒						
射人	射人,是为诸侯"掌以射法治射仪"之人。胡匡衷认为,诸侯的射人有"上士二人为长,谓之大射正,一为司射;一为司正。其下亦当有中士、下士之属,谓之小射正(司射之佐)也"					诸立司正,遂为司正				受酒	大射司为司射					
司正								告子公乐备	洗觯,彻俎			命酬士	受酒			
乐正	胡匡衷认为,其应当由下大夫担任,主要负责音乐的演奏,小乐正为其佐,参见《仪礼释官》卷三					先升			告正乐备							
大师	大师,为"工之长"。胡匡衷认为,任职于诸侯的大师应以上士为之		歌,奏	工长拜受												
工	工,是乐人的通称。《仪礼》中的由士担任的乐工主要有大师,少师,笙,钟人,磬人,镈人,鼓人		歌,奏					奏乐						奏乐		

续表 3

| | 一、燕礼 | | | | | | | | | | | 二、无筭爵无筭乐 | | | |
| | | | | (三)三举旅酬 | | | | | | | | | | | |
	16.主人献大夫兼胥荐主人之事	17.升歌	18.献工	19.公三举旅以成献大夫之礼	20.笙奏	21.献笙	22.歌笙间作遂合乡乐而告乐备	23.立司正命安宾	24.主司辨献士及旅食	25.人因射以乐而宾	26.燕樽子公为举旅酬	27.主人滕公献庶子以无筭爵下阼阶	28.燕末无筭笙乐	29.燕末宾出奏乐	30.公与客燕
笙					笙人、钟人、鼓人、鎛人、磬人等分别是负责演奏笙、钟、鼓、鎛、磬等乐器的乐工。胡匡衷认为,他们都是由下士担任的	笙长拜受爵	奏						奏乐	奏乐	
磬人															
鎛人															
鼓人															
钟人															
乐人钟人从者	任职于诸侯,身份不详,负责悬挂乐器。详见《仪礼释官》卷二														
仆人	仆人因乐工都是盲人,故在其行礼事时需要人搀扶。据《仪礼》记载,仆人可以担任众乐工的相工。胡匡衷认为诸侯之仆人疑即《周礼》中的"御仆",并认为当"下士为之"	导工、相工	相工									仆人正受酒		受脯	
小臣	小臣,是佐诸侯行礼事者。胡匡衷认为诸侯之小臣"亦士士为之",并认为《仪礼》中的小臣不仅担当《周礼》中小臣的职事,还兼任《周礼》中的大仆之职										辞拜		辞拜		

续表 4

	一、燕礼 (三)三举旅酬											二、无筭爵无筭乐			
	16. 主人兼献大夫暨蒉荐主人之事	17. 升歌	18. 献工	19. 举旅以成献大夫之礼	20. 公三	21. 献笙	22. 歌笙间作遂合乡乐而乐备	23. 立司正命安宾	24. 主人辩献士及旅食	25. 因燕而射以乐宾	26. 宾媵觯于公公酢以乐为士举旅行酬	27. 主人献庶子以无筭爵阼下	28. 燕末无筭爵无筭乐	29. 燕宾出	30. 公与客燕
司宫	司宫，是"掌宫庙者也"。胡匡衷认为诸侯之司宫"当下士为之"。司官主要负责内扫除，执烛，供笾等祭役											执烛		执烛	
阍人	任职于诸侯，胡匡衷认为由下士旅食担任，礼仪中主要负责执烛照明，详见《仪礼释官》卷二												执烛		
甸人	任职于诸侯，胡匡衷认为由下士旅食担任，礼仪中主要负责执烛照明，详见《仪礼释官》卷二													执烛	
庶子	庶子，是"司马之属，掌正六牲之体者也"。胡匡衷认为诸侯之庶子"当士为之"										受酒		执烛		
祝史	祝史，也是祝官的一种。《大射》曰："乃荐士。"祝史，小臣师亦就其位而荐之。"郑玄注曰："亦者，亦士也。"可见郑玄认为祝史当由祝史担任														
弓人	弓人，是为君掌弓弩矢箙的人。胡匡衷认为，诸侯的弓人当以士为之，《燕礼》中，诸侯国君若在宴饮后举行射礼，且决定亲自参加射箭，弓人就要为他掌管射箭所用的弓											若射则为君掌弓矢箙			

燕　礼

续表 5

	一、燕礼 (三)三举旅酬											二、无筭爵无筭乐			
	16.主人献大夫兼有胥荐主人之事	17.升歌	18.献工	19.公举旅以成献大夫之礼	20.奏笙	21.献笙	22.歌笙间作遂合乡乐而告乐备	23.立司正命安宾	24.司正辨献士及旅食	25.主人而射以乐宾	26.因燕为士举旅酬	27.主人腾觯公献庶子公以无筭爵以士旅酬为士举旅酬下于阶	28.燕末无筭爵无筭乐	29.宾出	30.公与客燕
土旅食	即庶人在官任事，可担任旅人，其地位略高于庶人但低于命士。郑玄认为，"旅"，众也。士众食，谓未得正禄，所谓庶人在官者也。详见《仪礼释官》卷二								受酒						
执笄者													彻笄		
媵爵者	即酌酒诸侯国国君者，这也标志着旅酬的开始。一般由下大夫之长官者担任										受酒				
有司		布席				进脯醢				进脯醢					
内臣	任职于诸侯的宫官。郑玄认为，"奄人"，"掌君阴事阴令，后夫人之官也，皆献于阼阶上，别于外内臣也。详见《仪礼释官》卷二														
附注		1020—1021	1021					1021—1022	1022		1023			1024	

燕礼所涉礼例一览表

		通例上第一	通例下第二	饮食之例上第三	饮食之例中第四	饮食之例下第五	宾客之例第六	射例第七	杂例第十三
一、燕礼	（一）礼前准备	1. 告戒设具		2-8 2-14 2-16 2-18 2-19 2-21			5-12 5-13 5-16 5-17 5-18			
		2. 君臣各就位次	1-2 1-4				5-18			
		3. 命宾	1-6 1-7	2-13			5-18			13-10
		4. 请命执役者	1-7				5-18			
		5. 纳宾	1-6 1-7				5-18			
	（二）宾主互献	6. 主人献宾	1-6 1-7 1-8 1-14 1-17	2-7 2-9 2-10 2-11 2-12 2-13	3-1 3-6 3-7 3-8 3-9 3-10 3-11 3-13 3-14	4-10 4-11 4-18 4-20	5-5 5-6 5-7 5-8 5-9 5-18			
		7. 宾酢主人	1-6 1-7 1-8 1-14 1-17	2-7 2-9 2-10 2-11 2-12 2-13	3-2 3-7 3-10 3-11 3-12 3-14	4-10 4-11 4-18 4-20	5-5 5-6 5-7 5-8 5-9 5-18			

续表1

		燕礼第六							
		通例上第一	通例下第二	饮食之例上第三	饮食之例中第四	饮食之例下第五	宾客之例第六	射例第七	杂例第十三
一、燕礼	（二）宾主互献	8. 主人献公	1-7 1-8 1-9 1-10 1-14	2-10 2-12	3-1 3-6 3-7 3-10 3-11 3-14	4-10 4-11 4-18 4-20	5-5 5-6 5-7 5-8 5-9 5-11 5-18			
		9. 主人自酢于公	1-7 1-8 1-14		3-2 3-10 3-11 3-12 3-14	4-10 4-11 4-18 4-20	5-5 5-6 5-7 5-8 5-9 5-11 5-18			
		10. 主人酬宾	1-6 1-7 1-8 1-14 1-17	2-7 2-9 2-10 2-11 2-12 2-13	3-3 3-10 3-11 3-14 3-15 3-16 3-17	4-10 4-11 4-18 4-20	5-5 5-6 5-7 5-8 5-9 5-11 5-18			
	（三）三举旅酬	11. 二人媵觯于公	1-7 1-8 1-9 1-10 1-14	2-10	3-10 3-11 3-14	4-10 4-11 4-18 4-20	5-5 5-6 5-7 5-8 5-9 5-18			

续表2

		燕礼第六							
		通例上第一	通例下第二	饮食之例上第三	饮食之例中第四	饮食之例下第五	宾客之例第六	射例第七	杂例第十三
一、燕礼	（三）三举旅酬	12. 公举媵爵酬宾遂旅酬	1-7 1-8 1-9 1-10 1-14	2-7	3-3 3-4 3-10 3-11 3-15 3-16 3-17	4-1 4-2 4-3 4-4 4-5 4-10 4-11 4-18 4-20	5-5 5-6 5-7 5-8 5-9 5-18			
		13. 主人献卿或献孤	1-7 1-8 1-14	2-7 2-9 2-13 2-21	3-1 3-6 3-7 3-10 3-11 3-14	4-10 4-11 4-18 4-20	5-5 5-6 5-7 5-8 5-9 5-18			
		14. 再请二大夫媵爵	1-7 1-8 1-9 1-10 1-14		3-10 3-11 3-14	4-10 4-11 4-18 4-20	5-5 5-6 5-7 5-8 5-9 5-18			
		15. 公又行爵为卿举酬	1-7 1-8 1-14	2-7	3-3 3-4 3-10 3-11 3-14 3-15 3-16 3-17	4-1 4-2 4-3 4-4 4-5 4-10 4-11 4-18 4-20	5-5 5-6 5-7 5-8 5-9 5-18			

续表3

		燕礼第六							
		通例上第一	通例下第二	饮食之例上第三	饮食之例中第四	饮食之例下第五	宾客之例第六	射例第七	杂例第十三
一、燕礼	（三）三举旅酬	16. 主人献大夫兼有胥荐主人之事	1-7 1-8 1-14	2-7 2-9	3-1 3-6 3-7 3-10 3-11 3-14	4-10 4-11 4-18 4-20	5-5 5-6 5-7 5-8 5-9 5-18			
		17. 升歌	1-7	2-2 2-21		4-20	5-18			13-14 13-15
		18. 献工	1-7	2-7	3-1 3-6 3-7 3-10 3-11 3-14 3-18	4-10 4-11 4-18 4-20	5-5 5-6 5-7 5-8 5-9 5-18			
		19. 公三举旅以成献大夫之礼	1-7	2-7	3-4 3-10 3-11 3-14	4-1 4-2 4-3 4-4 4-5 4-10 4-11 4-18 4-20	5-5 5-6 5-7 5-8 5-9 5-18			
		20. 奏笙				4-20	5-18			13-14 13-15
		21. 献笙	1-7 1-8 1-14	2-7	3-1 3-6 3-7 3-10 3-11 3-14 3-18	4-10 4-11 4-18 4-20	5-5 5-6 5-7 5-8 5-9 5-18			13-14 13-15
		22. 歌笙间作遂合乡乐而告乐备	1-7			4-20	5-18			13-14 13-15

续表4

		燕礼第六							
		通例上第一	通例下第二	饮食之例上第三	饮食之例中第四	饮食之例下第五	宾客之例第六	射例第七	杂例第十三
二、无筭爵无筭乐	23. 立司正命安宾	1-7	2-2		4-10 4-11 4-18 4-20	5-5 5-6 5-7 5-8 5-9 5-18			
	24. 主人辨献士及旅食	1-7 1-8 1-14	2-7	3-1 3-6 3-7 3-10 3-11 3-14	4-10 4-11 4-18 4-20	5-5 5-6 5-7 5-8 5-9 5-18			
	25. 因燕而射以乐宾				4-10 4-11 4-18 4-20	5-5 5-6 5-7 5-8 5-9 5-18			
	26. 宾媵觯于公公为士举旅酬	1-6 1-7 1-8 1-9 1-10 1-14	2-7 2-13	3-4 3-10 3-11 3-14	4-1 4-2 4-3 4-4 4-5 4-10 4-11 4-18 4-20	5-5 5-6 5-7 5-8 5-9 5-18			
	27. 主人献庶子以下于阼阶	1-7 1-8 1-14	2-7	3-1 3-6 3-7 3-10 3-11 3-14	4-10 4-11 4-18 4-20	5-5 5-6 5-7 5-8 5-9 5-18			

续表5

		燕礼第六							
		通例上第一	通例下第二	饮食之例上第三	饮食之例中第四	饮食之例下第五	宾客之例第六	射例第七	杂例第十三
二、无筭爵无筭乐	28.燕末无筭爵无筭乐	1-7 1-8 1-9 1-10 1-14	2-7	3-5 3-10 3-11 3-14	4-1 4-6 4-7 4-8 4-9 4-10 4-11 4-18 4-20	5-5 5-6 5-7 5-8 5-9 5-18			13-14 13-15
	29.燕毕宾出	1-19	2-6 2-13		4-20	5-18			
	30.公与客燕	1-2 1-4 1-8 1-11 1-14 1-19			4-18 4-20	5-5 5-6 5-7 5-8 5-9 5-18	6-6		13-2
记文	31.记文							7-1 7-15 7-16	

[注解]

[1-2] 凡君与臣行礼皆不迎。

[1-4] 凡以臣礼见者,则入门右。

[1-6] 凡升阶皆让,宾主敌者俱升,不敌者不俱升。

[1-7] 凡升阶皆连步,唯公所辞则栗阶。

[1-8] 凡门外之拜皆东西面,堂上之拜皆北面。

[1-9] 凡室中、房中拜以西面为敬,堂下拜以北面为敬。

[1-10] 凡臣与君行礼,皆堂下再拜稽首,异国之君亦如之。

[1-11] 凡君待以客礼,下拜则辞之,然后升成拜。

[1-14] 凡丈夫之拜坐，妇人之拜兴；丈夫之拜奠爵，妇人之拜执爵。

[1-17] 凡推手曰揖，引手曰厌。

[1-19] 凡君与臣行礼皆不送。

[2-2] 凡授受之礼，相乡者谓之讶授受。

[2-6] 凡佐礼者，在主人曰摈，在客曰介。

[2-7] 凡宾、主人礼，盛者专阶，不盛者不专阶。

[2-8] 凡戒宾、宿宾，宿者必先戒，礼杀者则不宿。

[2-9] 凡宾升席自西方，主人升席自北方。

[2-10] 凡礼盛者必先盥。

[2-11] 凡降洗、降盥，皆壹揖、壹让，升。

[2-12] 凡宾、主相敌者，降则皆降。

[2-13] 凡一辞而许曰礼辞，再辞而许曰固辞，三辞不许曰终辞。

[2-14] 凡庭洗设于阼阶东南，南北以堂深，天子、诸侯当东溜，卿、大夫、士当东荣，水在洗东。

[2-16] 凡设尊，宾、主人敌者于房户之间，君臣则于东楹之西，并两壶，有玄酒，有禁。

[2-18] 凡堂上之篚，在尊南，东肆。

[2-19] 凡堂下之篚，在洗西，南肆。

[2-21] 凡设席，南乡北乡，于神则西上，于人则东上；东乡西乡，于神则南上，于人则北上。

[3-1] 凡主人进宾之酒谓之献。

[3-2] 凡宾报主人之酒谓之酢。

[3-3] 凡主人先饮以劝宾之酒谓之酬。

[3-4] 凡正献既毕之酒谓之旅酬。

[3-5] 凡旅酬既毕之酒谓之无算爵。

[3-6] 凡献酒皆有荐，礼盛者则设俎。

[3-7] 凡荐脯醢在升席先，设俎在升席后。

［3-8］凡献酒，礼盛者受爵于席前，拜与卒爵于阶上。

［3-9］凡献酒，礼盛者则啐酒，告旨。

［3-10］凡啐酒于席末，告旨则降席拜。

［3-11］凡献酒，礼盛者受爵、告旨、卒爵皆拜，酢主人；礼杀者不拜告旨；又杀者，不酢主人。

［3-12］凡酢如献礼，崇酒，不告旨；礼杀者，则以虚爵授之。

［3-13］凡宾告旨在卒爵前，于席西拜；主人崇酒在卒爵后，于阶上拜。

［3-14］凡礼盛者坐卒爵，礼杀者立卒爵。

［3-15］凡酬酒，先自饮，复酌，奠而不授；举觯、媵爵亦如之。

［3-16］凡酬酒奠而不举，礼杀者则用为旅酬、无算爵始。

［3-17］凡酬酒不拜洗。

［3-18］凡献工与笙于阶上，献获者与释获者于堂下，献祝与佐食于室中。

［4-1］凡一人举觯为旅酬始，二人举觯为无算酬始。

［4-2］凡旅酬皆以尊酬卑，谓之旅酬下为上。

［4-3］凡旅酬，不及献酒者不与。

［4-4］凡旅酬皆拜，不祭，立饮。

［4-5］凡旅酬，不洗，不拜既爵。

［4-6］凡无算酬，必先彻俎、降阶。

［4-7］凡无算爵，皆说屦，升坐，乃羞。

［4-8］凡无算爵，不拜，唯受爵于君者拜。

［4-9］凡无算爵，堂上、堂下执事者皆与。

［4-10］凡奠爵，将举者于右，不举者于左。

［4-11］凡君之酒曰膳；臣之酒曰散。

［4-18］凡食礼有豆无笾；饮酒之礼豆、笾皆有。

［4-20］凡燕礼，使宰夫为主人；食礼，公自为主人。

［5-5］凡执爵皆左手，祭荐皆右手。

［5-6］凡祭荐者坐，祭俎者兴；祭荐者执爵，祭俎者奠爵。

［5-7］凡祭荐不挩手；祭俎则挩手。

［5-8］凡祭酒，礼盛者啐酒，不盛者不啐酒；祭肺，礼盛者啃肺，不盛者不啃肺。

［5-9］凡祭皆于笾豆之间，或上豆之间。

［5-11］凡饮酒，君臣不相袭爵，男女不相袭爵。

［5-12］凡脯醢谓之荐，出自东房。

［5-13］凡牲皆用右胖，唯变礼反吉用左胖。

［5-16］凡肺皆有二，一举肺，一祭肺。

［5-17］凡牲，杀曰饔，生曰饩；饔之属皆陈于堂上下，饩之属皆陈于门内外。

［5-18］凡食于庙；燕于寝；乡饮酒于庠。

［6-6］凡宾、主人行礼毕，主人待宾，用醴则谓之礼，不用醴则谓之傧。

［7-1］凡射皆三次，初射，三耦射，不释获；再射，三耦与众耦皆射；三射，以乐节射，皆释获，饮不胜者。

［7-15］凡公射，小射正赞决拾，小臣正赞袒，大射正授弓，小臣师授矢；卒射，小臣正赞袭。

［7-16］凡公不胜，饮公，则侍射者饮夹爵。

［13-1］凡《乡饮》《乡射》明日息司正，略如饮酒之礼。

［13-2］凡燕四方之宾客，略如燕其臣之礼。

［13-10］凡《燕礼》命宾、《聘礼》命使者皆在燕朝；《聘礼》授币及反命，皆于治朝；聘宾初至及将聘，皆于外朝。

［13-14］凡乐，瑟在堂上；生管钟磬鼓鼙之属在堂下。

［13-15］凡乐皆四节，初谓之升歌，次谓之笙奏，三谓之间歌，四谓之合乐。

燕礼所涉方位图一览表[1]

		杨复《仪礼图》	张惠言《仪礼图》	黄以周《礼书通故》	吴之英《寿栎庐仪礼奭固礼事图》	姜兆锡《仪礼经传外编》	江永《乡党图考》
一、燕礼之礼前准备	1. 告戒设具	具馔设县陈器即位图89	馔具1673	馔具2134	先具261	燕礼席位图658	（诸礼总礼位）诸侯治朝燕朝图2012
	2. 君臣各就位次	燕礼先后之序图87	卿大夫士入位1674		纳卿大夫命宾2135		
	3. 命宾				纳宾命宾261		
	4. 请命执役者				命役纳宾拜至2136		
	5. 纳宾			宾入拜至1674			
二、燕礼之宾主互献	6. 主人献宾	主人献宾图90	主人献宾1675	主人献宾2137	主人代公献宾262		
	7. 宾酢主人	宾酢主人图91	宾酢主人1675	宾酢主人2138	宾酢主人262		
	8. 主人献公	主人献公及自酢图92	主人献公1676	主人献公自酢2139	主人献公自酢263		
	9. 主人自酢于公						
	10. 主人酬宾	主人酬宾图93	主人媵觚于宾1676	主人媵爵于宾2140	主人媵爵于宾263		

〔1〕由于附表内容较为琐碎，故将其所涉礼图出处以数字的形式于表格中标示出来。

如杨复《仪礼图》一列"具馔设悬陈器即位图89"，指的是本图详见文渊阁版《四库全书》，上海古籍出版社，2002年，第104册，第89页。

张惠言《仪礼图》一列"馔具1673"，指的是本图详见阮元、王先谦编著之《皇清经解续编》，凤凰出版社，2005年，第2册，第1673页。

黄以周《礼书通故》一列"馔具2134"，指的是本图详见《续修四库全书》，上海古籍出版社，2001年，第112册，第2134页。

吴之英《寿栎庐仪礼奭固礼事图》一列"先具261"，指的是本图详见《续修四库全书》，上海古籍出版社，2001年，第94册，第261页。

姜兆锡《仪礼经传外编》一列"燕礼席位图658"，指的是本图详见《续修四库全书》，上海古籍出版社，2001年，第87册，第658页。

江永《乡党图考》一列"诸侯治朝燕朝图2012"，指的是本图详见阮元、王先谦编著之《皇清经解续编》，凤凰出版社，2005年，第2册，第2012页。

以下所涉方位图一览表与此相同，不再复述。

续表

		杨复《仪礼图》	张惠言《仪礼图》	黄以周《礼书通故》	吴之英《寿栎庐仪礼奭固礼事图》	姜兆锡《仪礼经传外编》	江永《乡党图考》
三、燕礼之三举旅酬	11. 二人媵觯于公	下大夫二人媵爵图93	媵觯于公1677	媵爵于公2141	公命二大夫媵爵皆致264		
	12. 公举媵爵酬宾遂旅酬	公为宾举旅图95	举旅1677 行酬1678	举旅行酬2142	公酬宾264 宾旅大夫265		
	13. 主人献卿或献孤	主人献孤卿图96	献卿1678	献卿大夫2143	主人献卿265		
	14. 再请二大夫媵爵				又媵长致行酬266		
	15. 公又行爵为卿举酬						
	16. 主人献大夫兼有胥荐主人之事	主人献大夫图97	献大夫1679		主人献大夫胥荐主人266		
	17. 升歌			献工献笙2144			
	18. 献工		献工献笙1679				
	19. 公三举旅以成献大夫之礼						
	20. 奏笙						
	21. 献笙						
	22. 歌笙间作遂合乡乐而告乐备						
四、无筭爵无筭乐	23. 立司正命安宾	司正中庭奠觯图99	立司正1680 彻俎1680	立司正2145 彻俎2146			
	24. 主人辨献士及旅食		献士1681	命安宾献士2147	主人献士荐司正射人司士执幂267 荐祝史小臣师献旅食267		
	25. 因燕而射以乐宾						
	26. 宾媵觯于公公为士举旅酬		宾媵爵于公主人献庶子1681	宾媵爵于公主人献庶子2148	宾媵公觯268 公取宾媵爵酬旅士268		
	27. 主人献庶子以下于阼阶				主人献庶子及左右正内小臣269		
	28. 燕末无筭爵无筭乐						
	29. 燕毕宾出						
	30. 公与客燕						

大　射

大射方位图

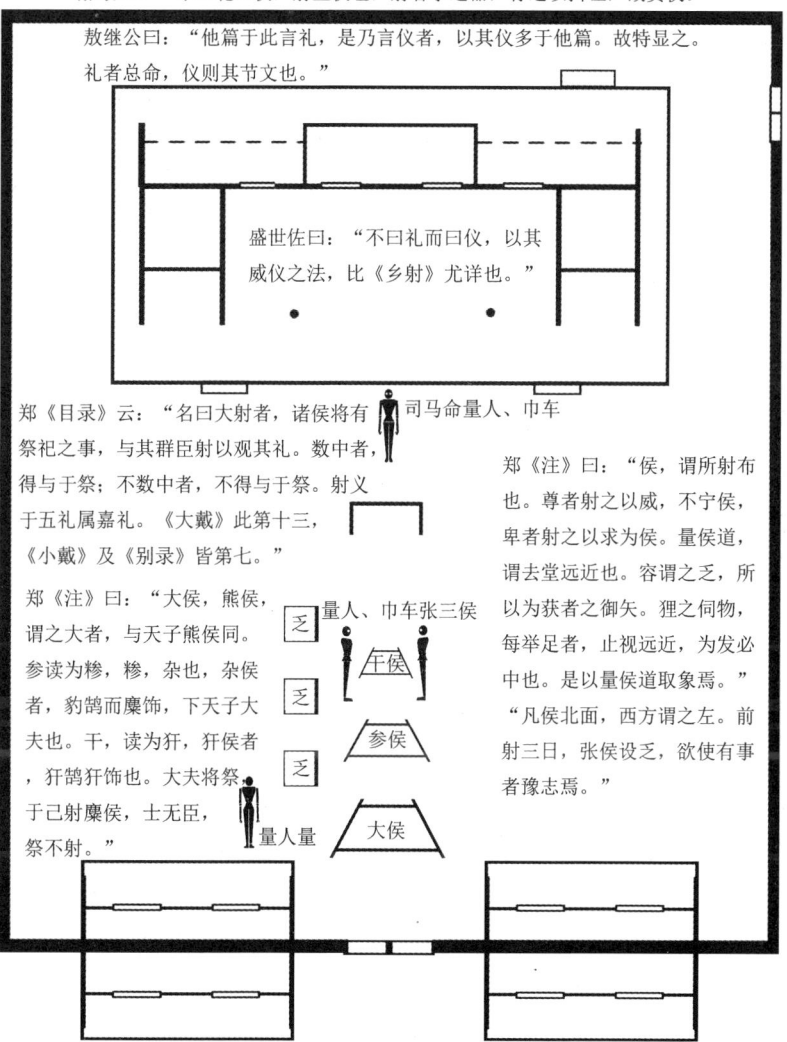

7-2-1　前射三日戒宰视涤量道张侯图

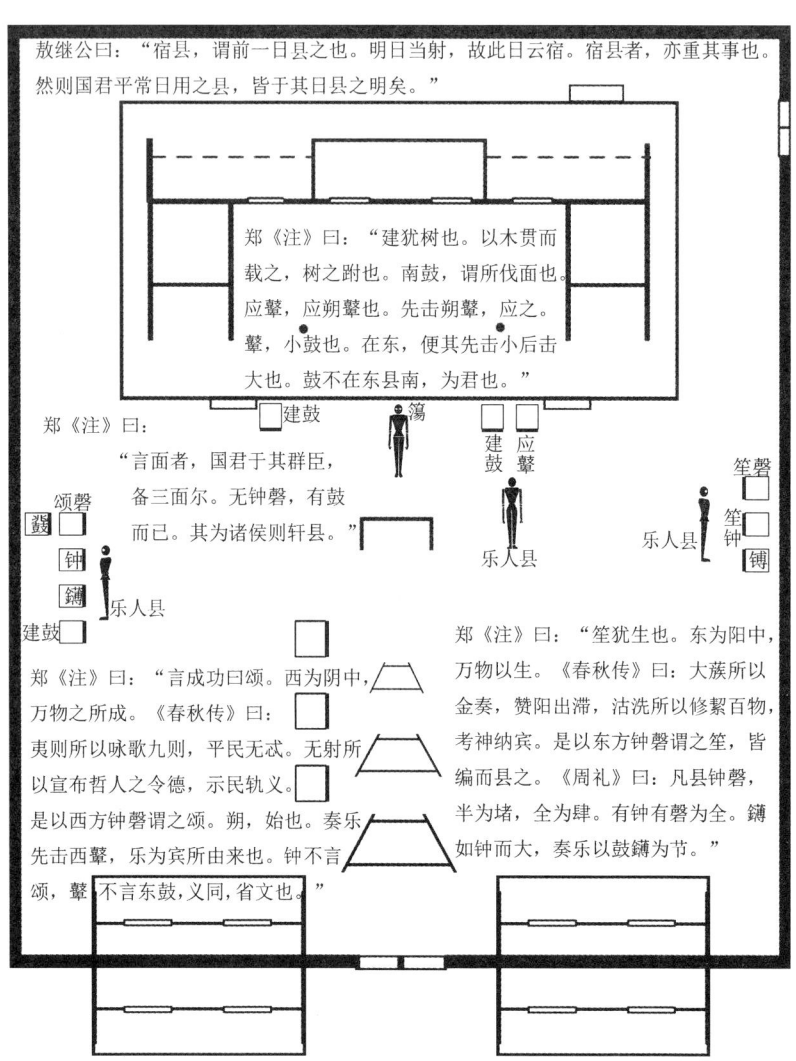

7-3-1 射前一日设乐县图

张尔岐曰："诸侯将射，先行燕礼，故此下皆陈燕具。"

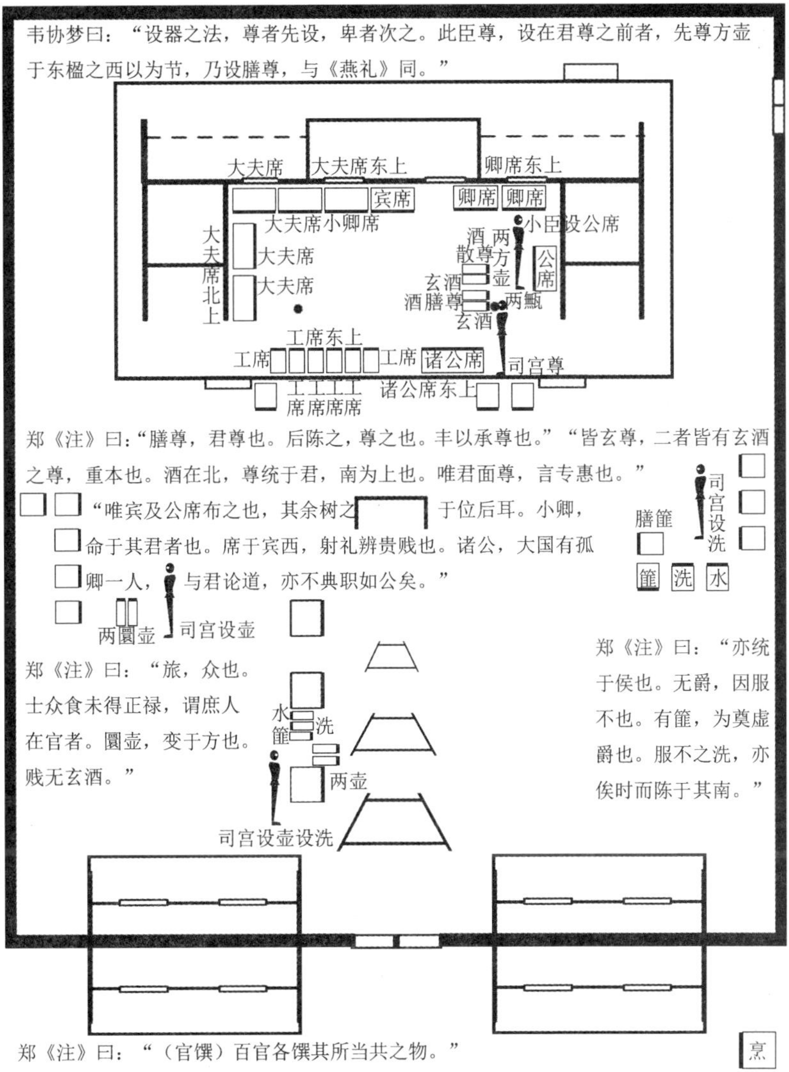
韦协梦曰："设器之法，尊者先设，卑者次之。此臣尊，设在君尊之前者，先尊方壶于东楹之西以为节，乃设膳尊，与《燕礼》同。"
大夫席
大夫席东上
卿席东上
宾席
卿席
卿席
大夫席小卿席
小臣设公席
大夫席北上
大夫席
大夫席
酒
散尊
两方壶
公席
玄酒
酒膳尊
两甒
玄酒
工席东上
工席
工席
诸公席
司宫尊
工席
工席
工席
工席
诸公席东上
郑《注》曰："膳尊，君尊也。后陈之，尊之也。丰以承尊也。""皆玄尊，二者皆有玄酒之尊，重本也。酒在北，尊统于君，南为上也。唯君面尊，言专惠也。"
"唯宾及公席布之也，其余树之于位后耳。小卿，命于其君者也。席于宾西，射礼辨贵贱也。诸公，大国有孤卿一人，与君论道，亦不典职如公矣。"
司宫设洗
膳篚
篚
洗
水
两圜壶
司宫设壶
郑《注》曰："旅，众也。士众食未得正禄，谓庶人在官者。圜壶，变于方也。贱无玄酒。"
水
篚
洗
两壶
司宫设壶设洗
郑《注》曰："亦统于侯也。无爵，因服不也。有篚，为奠虚爵也。服不之洗，亦俟时而陈于其南。"
烹

郑《注》曰："（官馔）百官各馔其所当共之物。"

"（羹定）亨肉孰也。《射义》曰：诸侯之射也，必先行燕礼。燕礼牲用狗。"

7-4-1 射日陈燕具席位图

78 新编仪礼图之方位图：嘉礼卷（下）

张尔岐曰："自此至'南面反奠于其所北面立'，皆将射先燕之事。公命宾，纳宾以来，主人献宾，宾酢主人，主人献公，主人受公酢，主人酬宾，二人举觯，公取觯酬宾，遂旅酬，主人献卿，二人再举觯，公为卿举旅酬，主人献大夫，工入奏乐，凡十二节，皆与《燕礼》同，容有小异，主于射故也。"

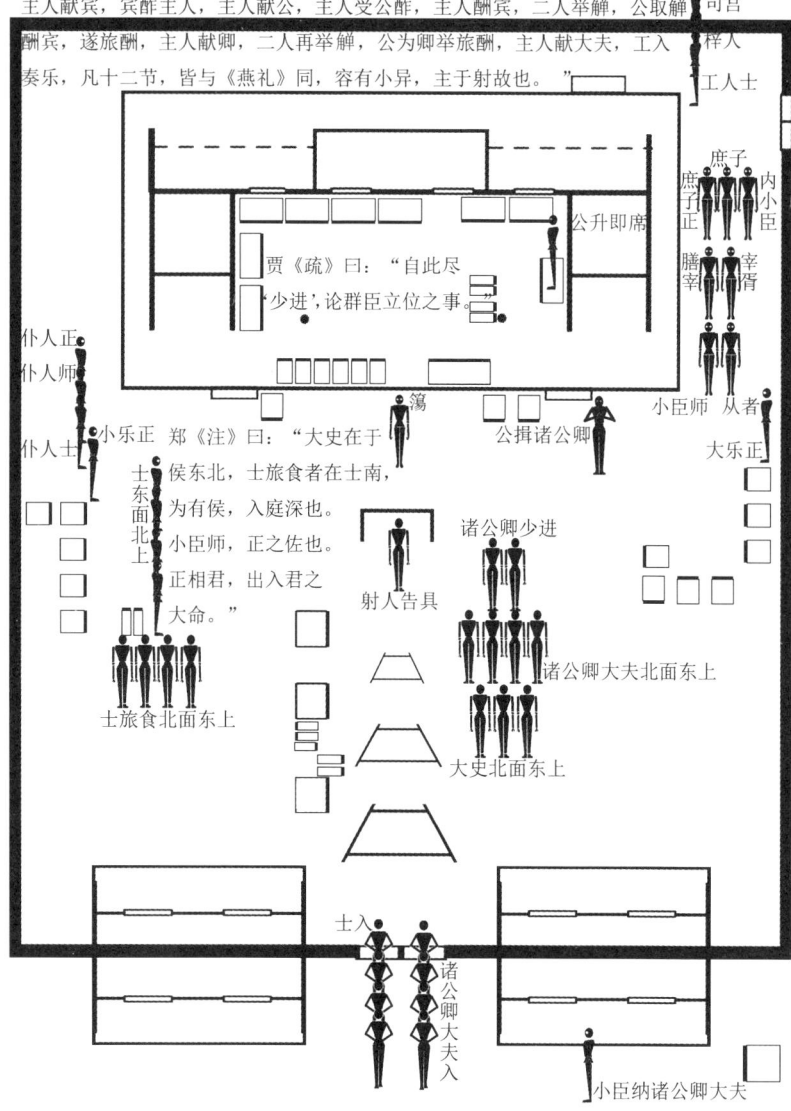

7-5-1 命宾纳宾图一

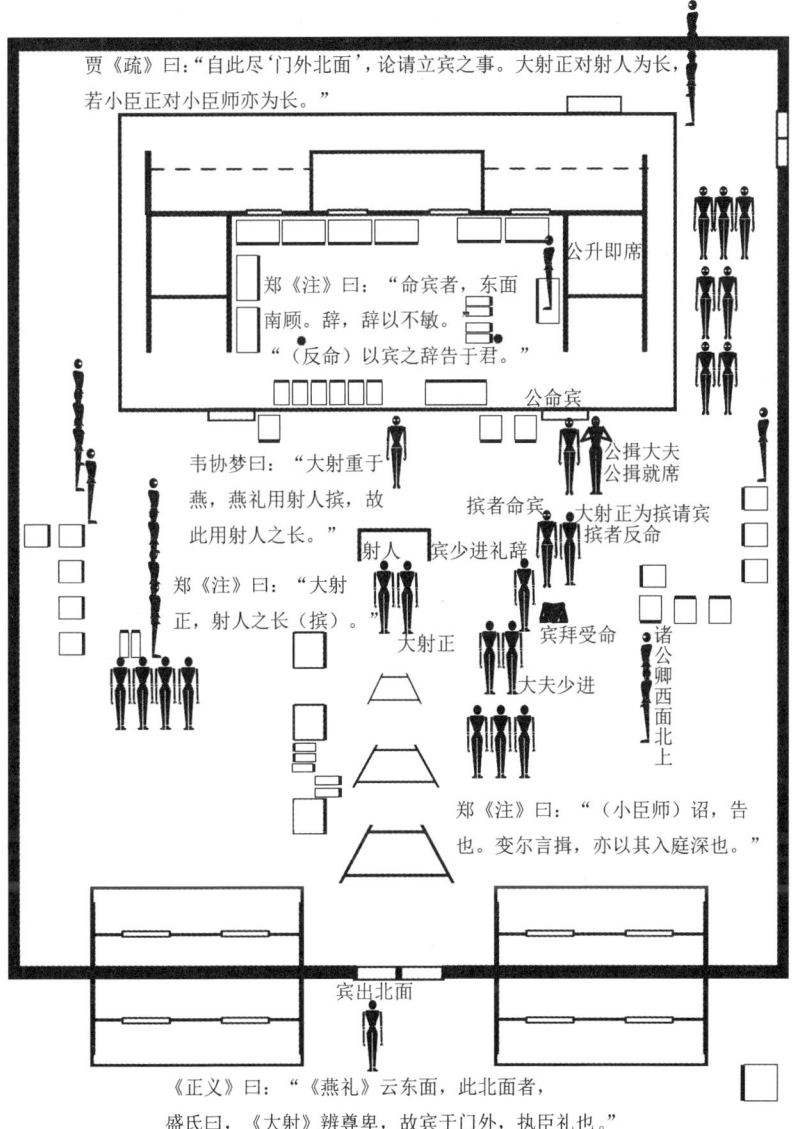

7-5-2 命宾纳宾图二

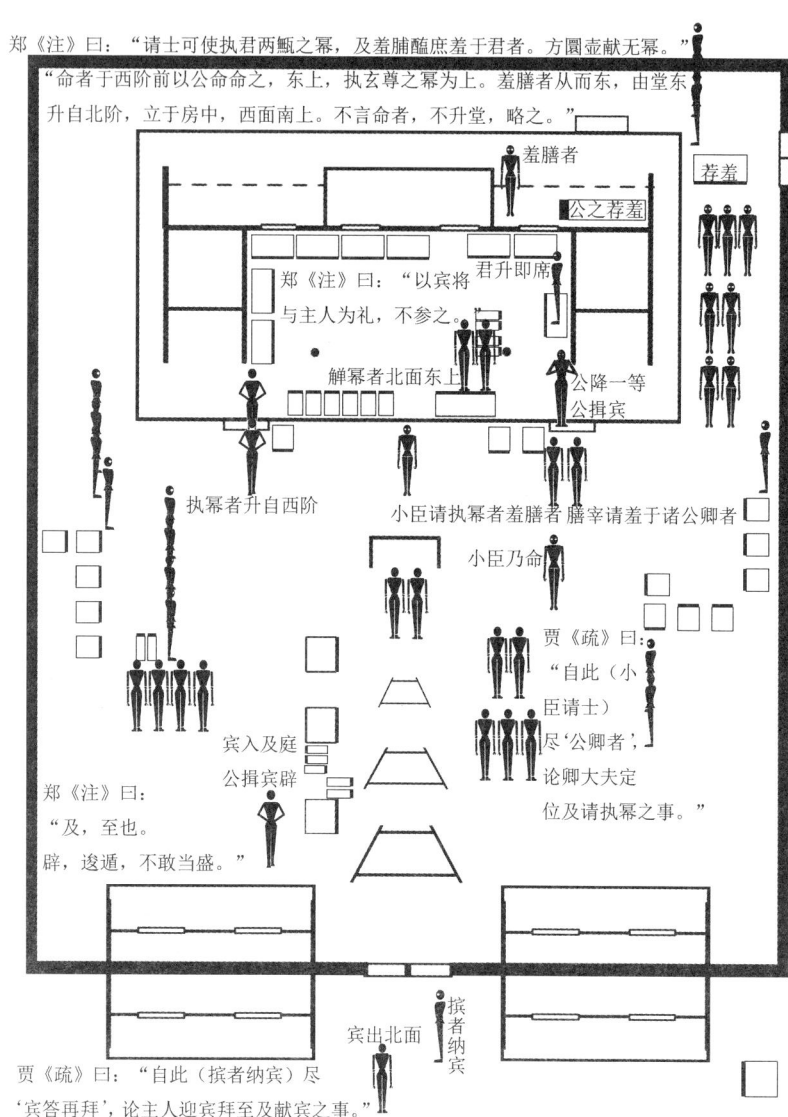

7-5-3 命宾纳宾图三

大 射

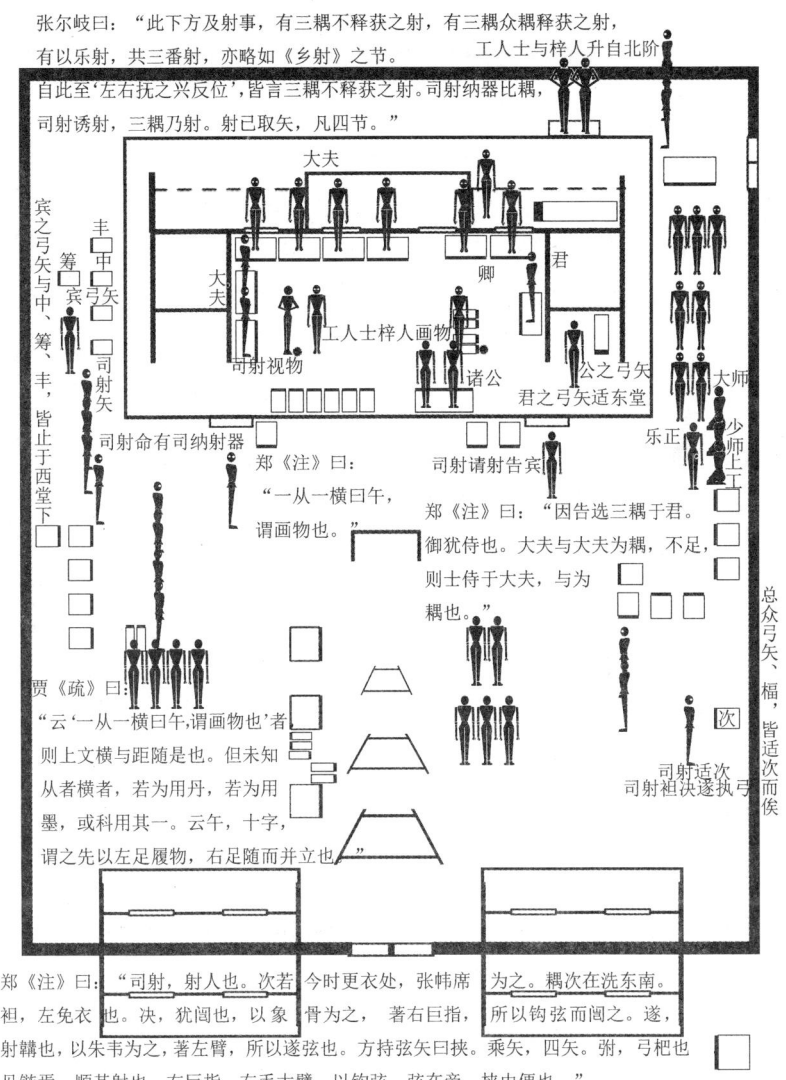

7-19-1 请射纳射器比耦图一

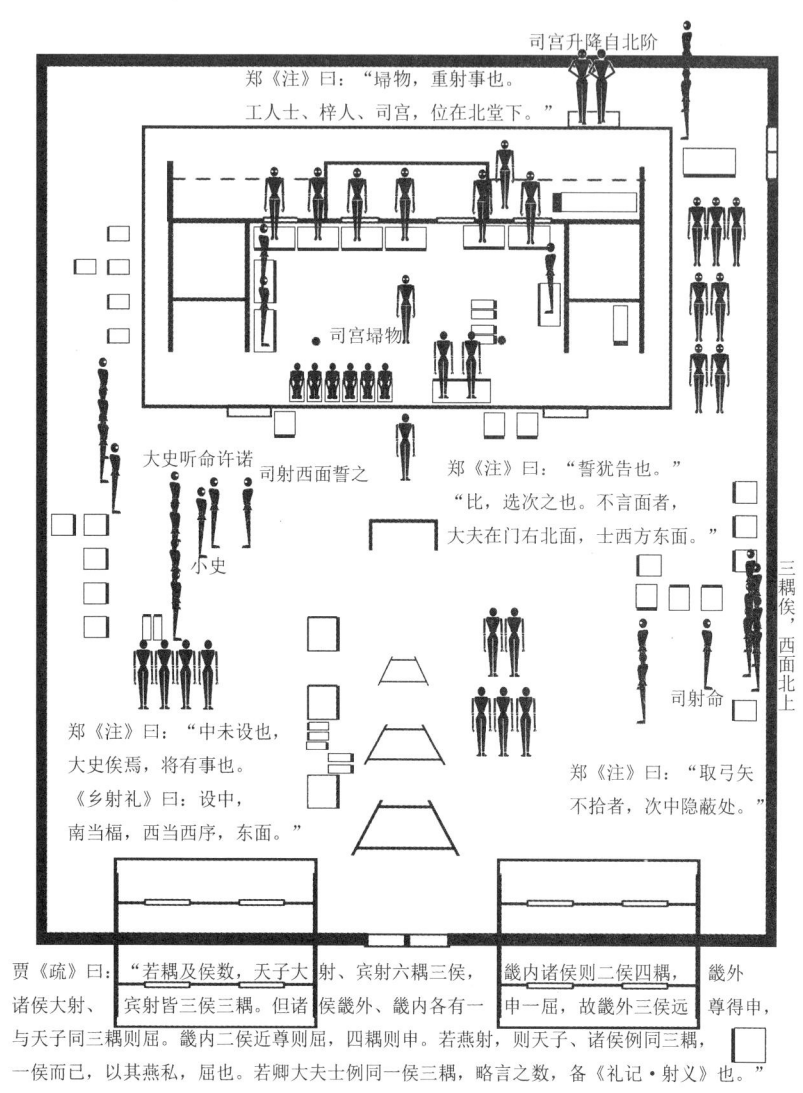

7-19-2 请射纳射器比耦图二

贾《疏》曰:"自此至'东面',论司射诱射之事。此射人诱射与《乡射》同,但《乡射》往阶西取弓矢,此则入次取弓矢为异。然此云'入次,搢三挟一个',则已前皆挟乘矢不改,《乡射》亦然。引《论语》者,彼夫子教弟子学问事。司射教人射事,虽不同,同是教法,故引为证也。"

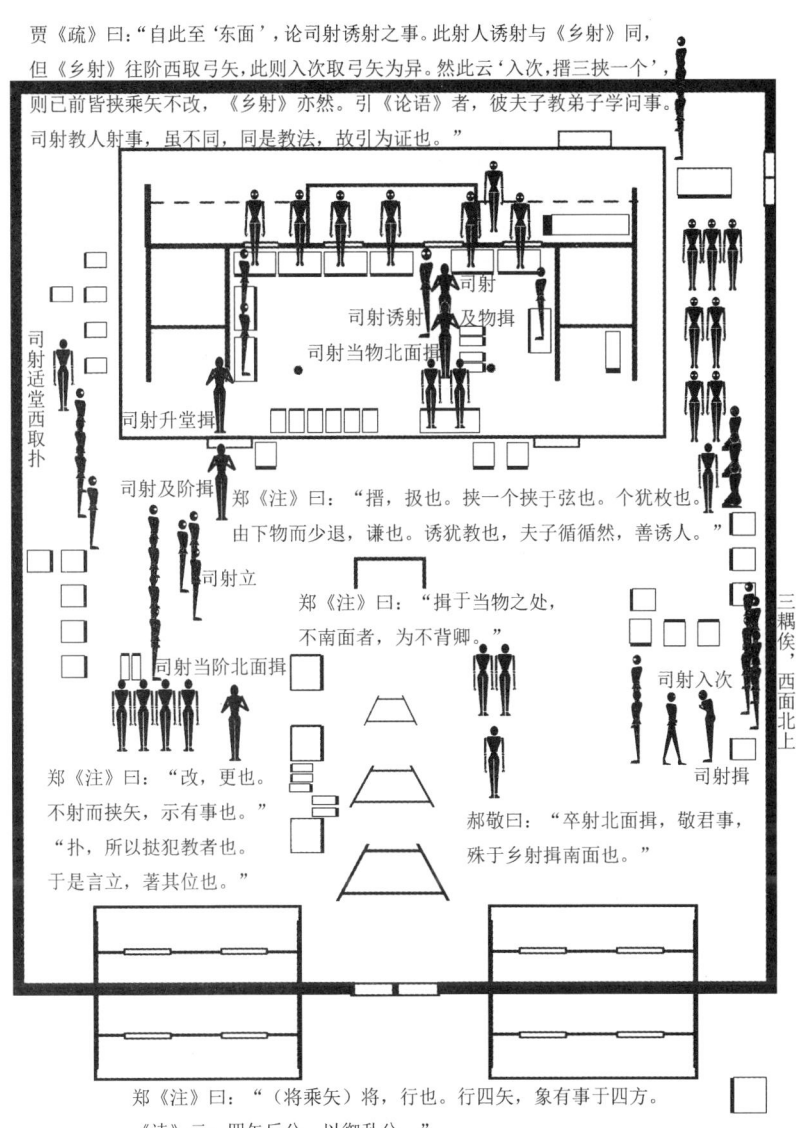

郑《注》曰:"搢,扱也。挟一个挟于弦也。个犹枚也。由下物而少退,谦也。诱犹教也,夫子循循然,善诱人。"

郑《注》曰:"搢于当物之处,不南面者,为不背卿。"

郑《注》曰:"改,更也。不射而挟矢,示有事也。""扑,所以挞犯教者也。于是言立,著其位也。"

郝敬曰:"卒射北面搢,敬君事,殊于乡射搢南面也。"

郑《注》曰:"(将乘矢)将,行也。行四矢,象有事于四方。《诗》云:四矢反兮,以御乱兮。"

7-20-1　司射诱射图

张尔岐曰："发位并行及升，上射皆居左，履物南面。上射仍在右，右物为上也。"

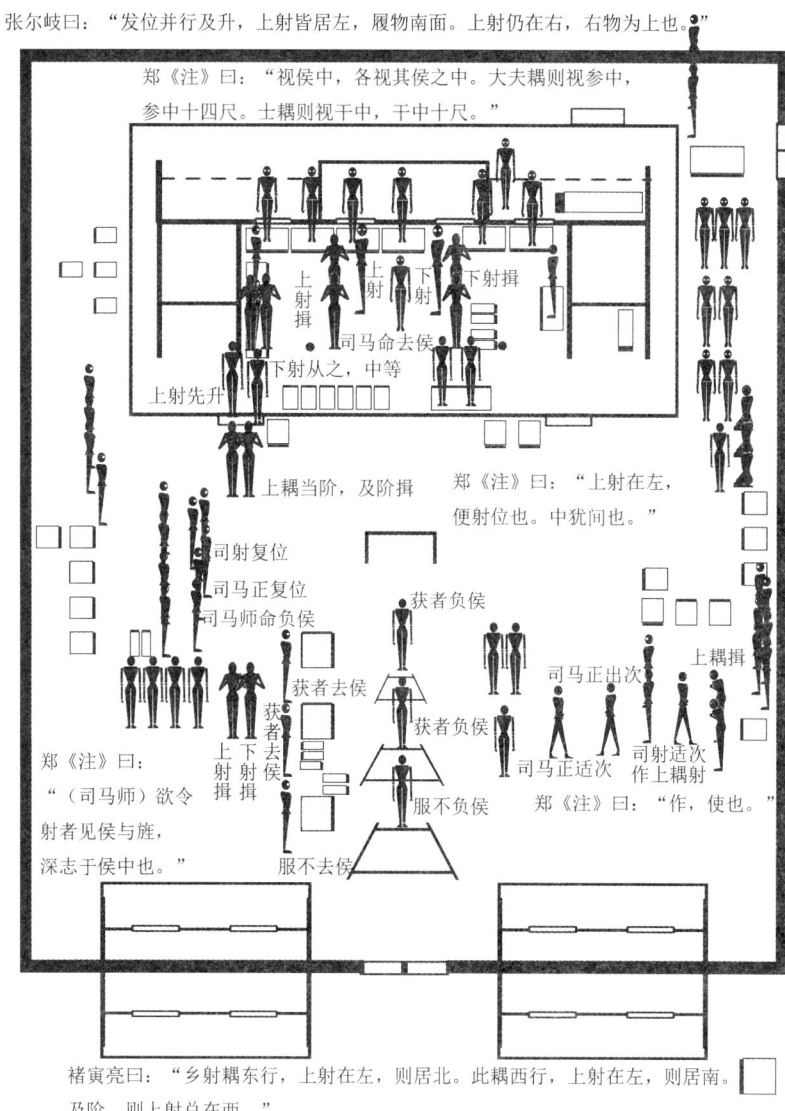

7-21-1 三耦射图一

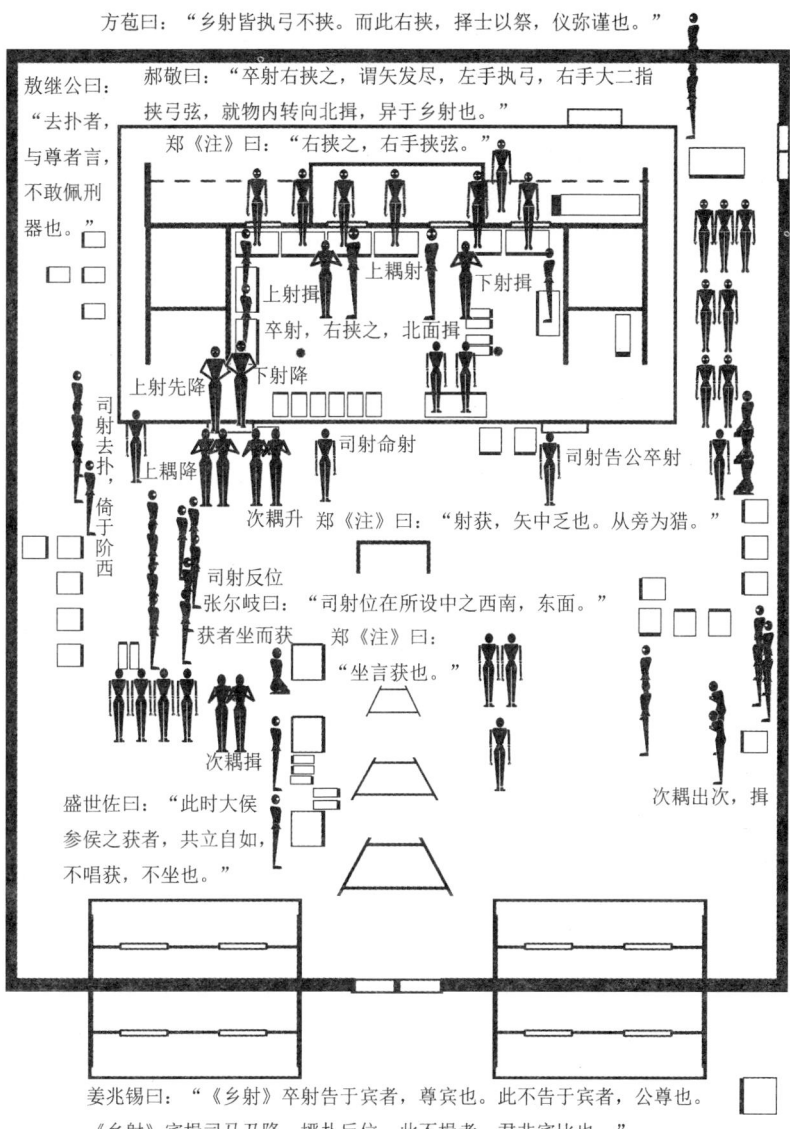

7-21-2 三耦射图二

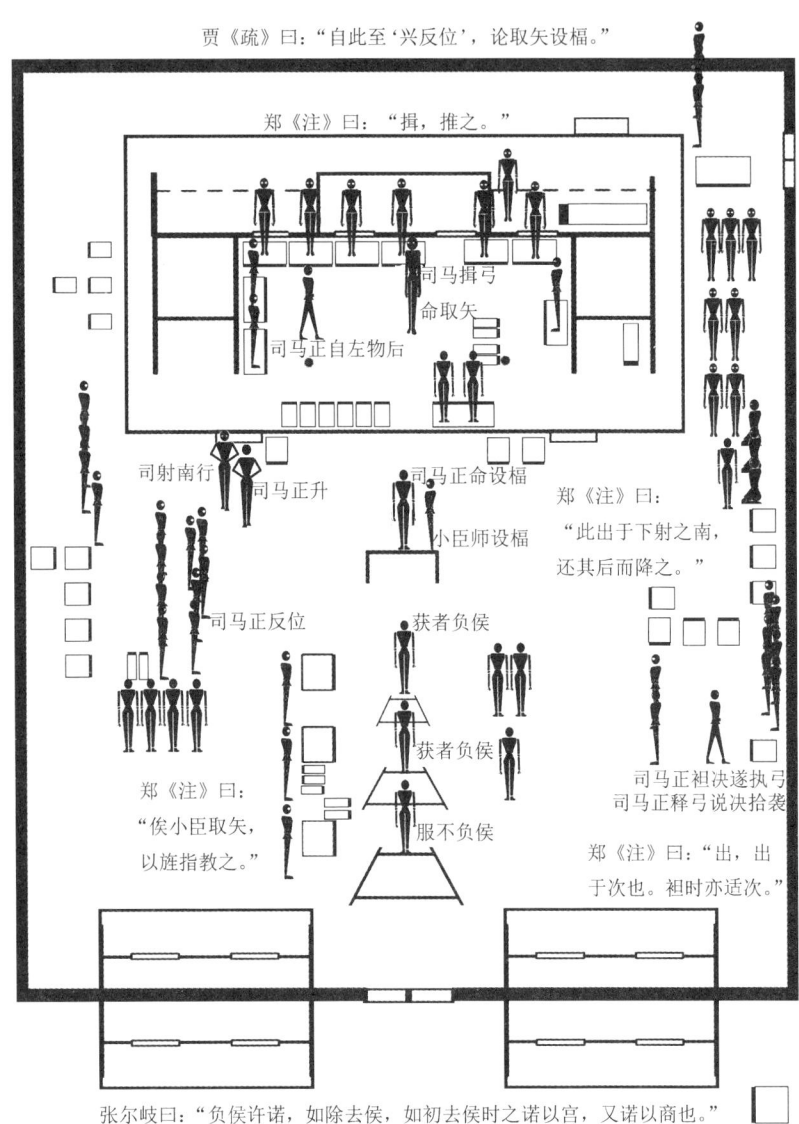

7-22-1 三耦射后取矢图一

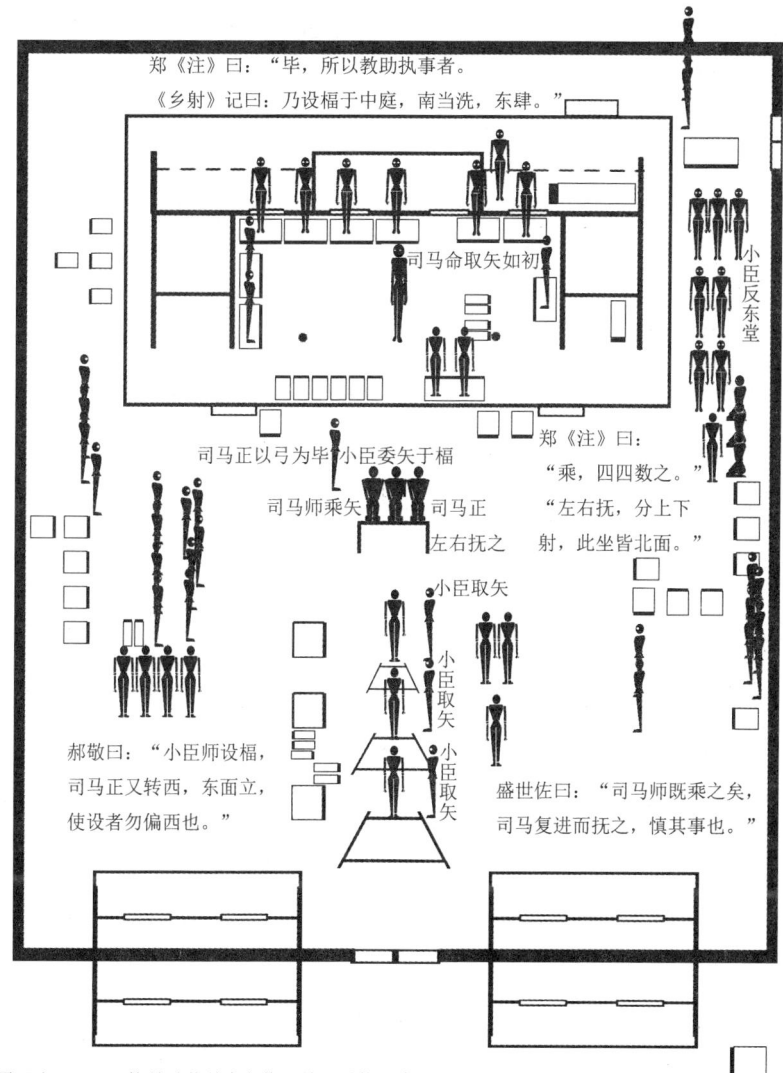

7-22-2 三耦射后取矢图二

张尔岐曰:"此下言三耦众耦之射,其北方射时者,有命耦,有三耦取矢于楅,有三耦再射,释获,有公与宾射,有卿大夫士皆射,凡五节。其中射以后者,有取矢,有数获,有饮不胜者,有献服不、隶仆巾车、获者,有献释获者,亦五节。"郑《注》曰:"告诸公卿于堂上,尊之也。"

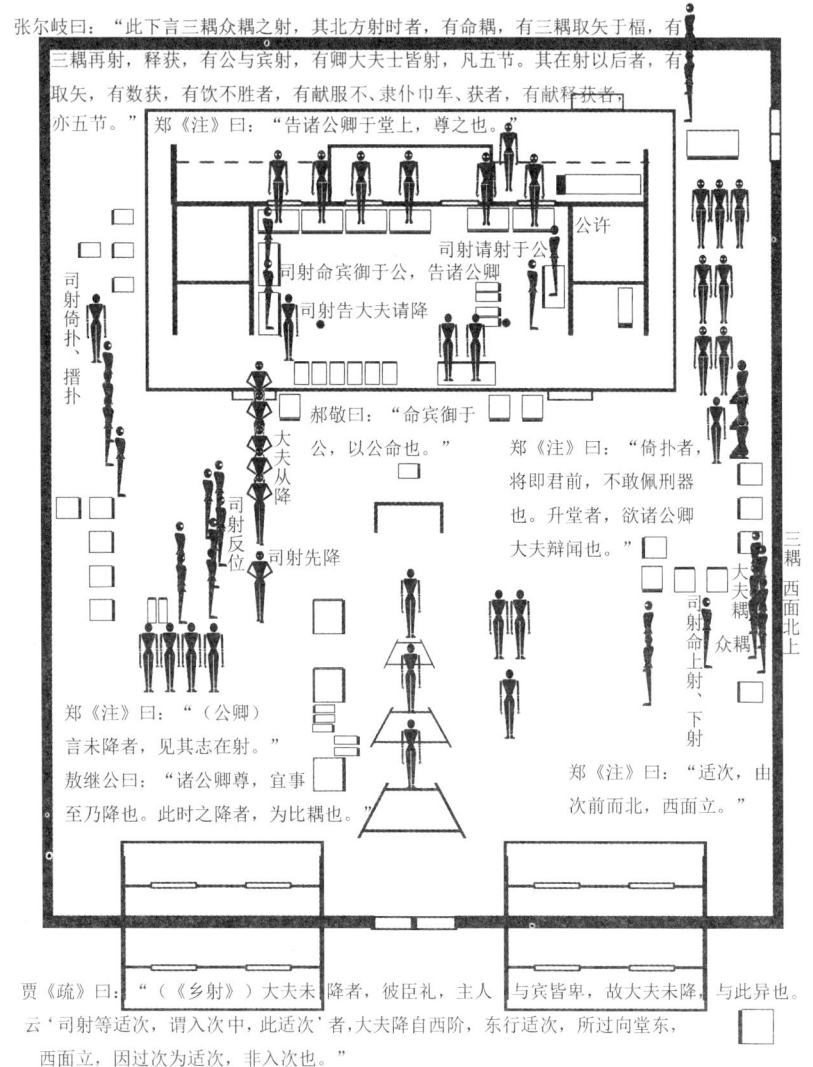

贾《疏》曰:"(《乡射》)大夫未降者,彼臣礼,主人与宾皆卑,故大夫未降,与此异也。云'司射等适次,谓入次中,此适次'者,大夫降自西阶,东行适次,所过向堂东,西面立,因过次为适次,非入次也。"

7-23-1 将射命耦图

贾《疏》曰:"毋周者,左还行至位,即位右还而反东面,是还不周也。"

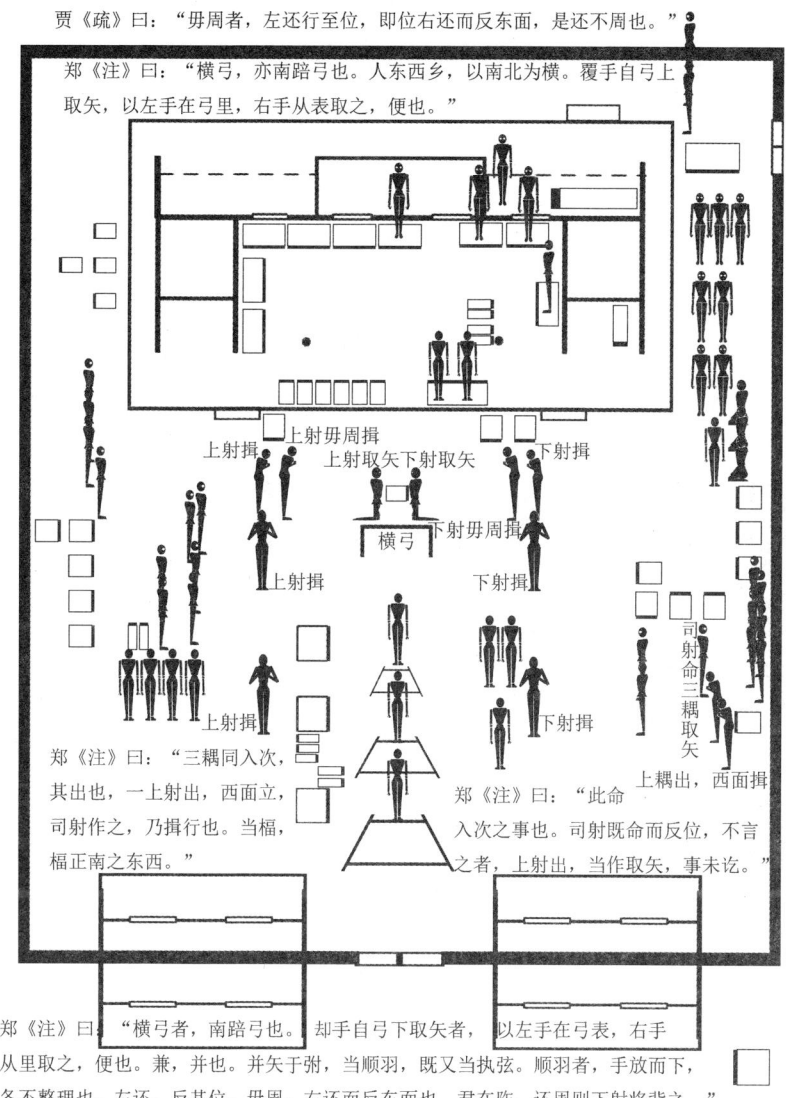

郑《注》曰:"横弓,亦南踏弓也。人东西乡,以南北为横。覆手自弓上取矢,以左手在弓里,右手从表取之,便也。"

上射揖　上射毋周揖　上射揖
　　　上射取矢下射取矢　下射揖
　　　　　　横弓　　　下射毋周揖
　　　　　　　　　　下射揖

上射揖　　　　　　下射揖　司射命三耦取矢

郑《注》曰:"三耦同入次,其出也,一上射出,西面立,司射作之,乃揖行也。当楅,楅正南之东西。"

郑《注》曰:"此命入次之事也。司射既命而反位,不言之者,上射出,当作取矢,事未讫。"　上耦出,西面揖

郑《注》曰:"横弓者,南踏弓也。却手自弓下取矢者,以左手在弓表,右手从里取之,便也。兼,并也。并矢于拊,当顺羽,既又当执弦。顺羽者,手放而下,备不整理也。左还,反其位。毋周,右还而反东面也。君在阼,还周则下射将背之。"

7-24-1　三耦拾取矢于楅图一

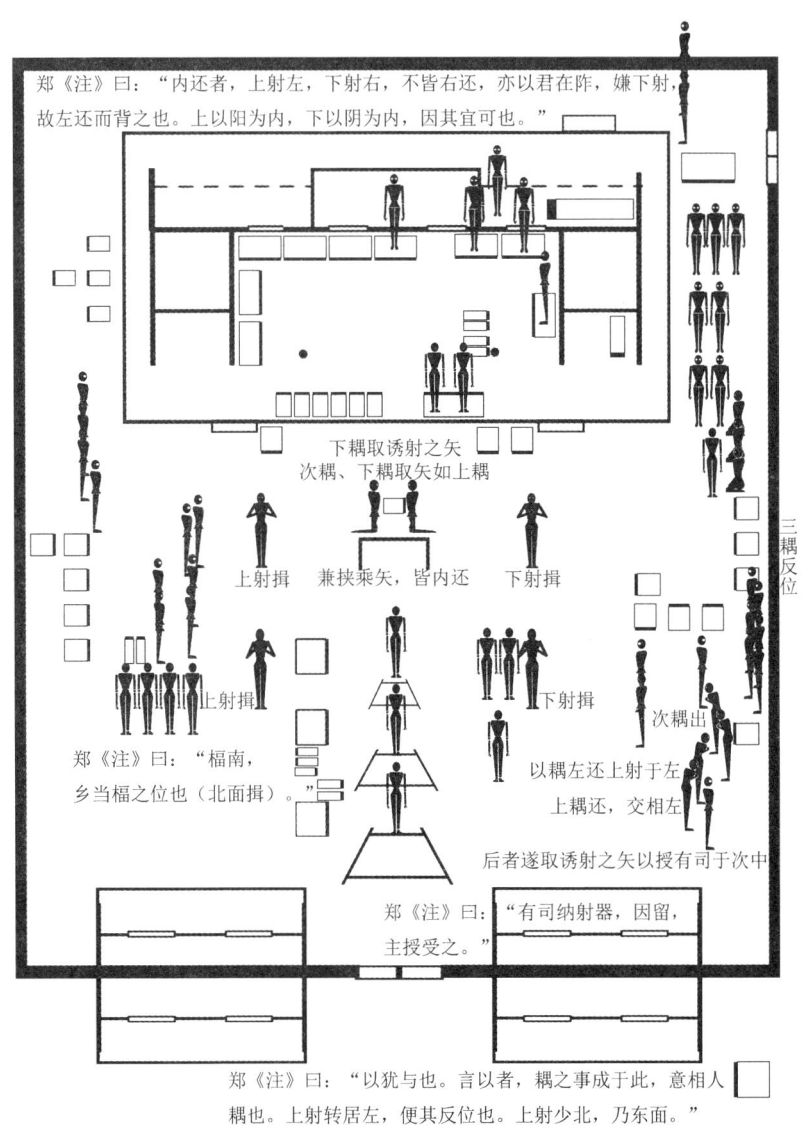

7-24-2 三耦拾取矢于楅图二

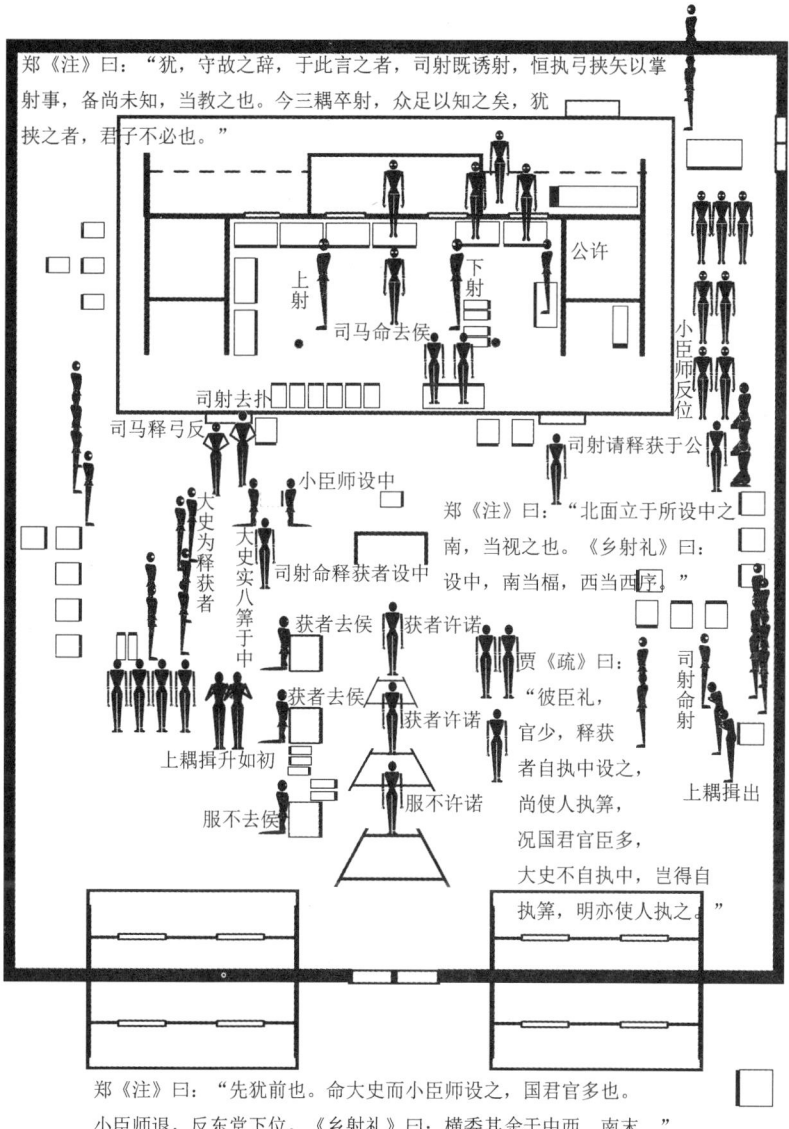

7-25-1 三耦再射释获图一

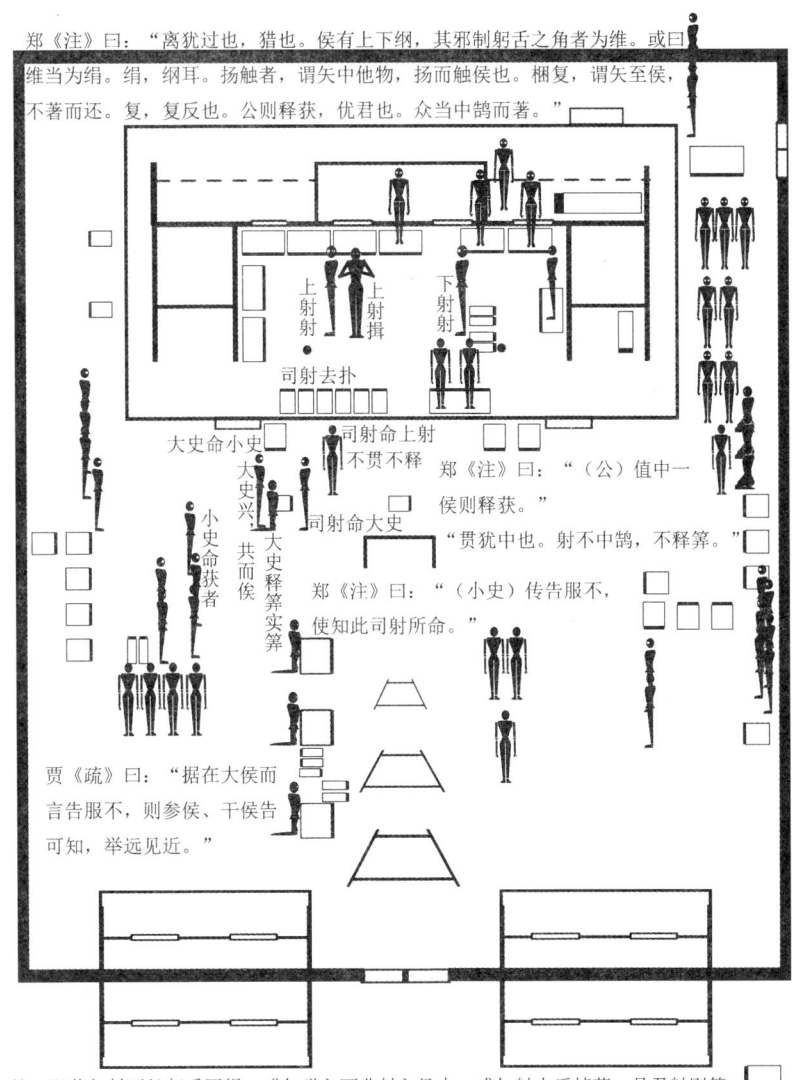

7-25-2 三耦再射释获图二

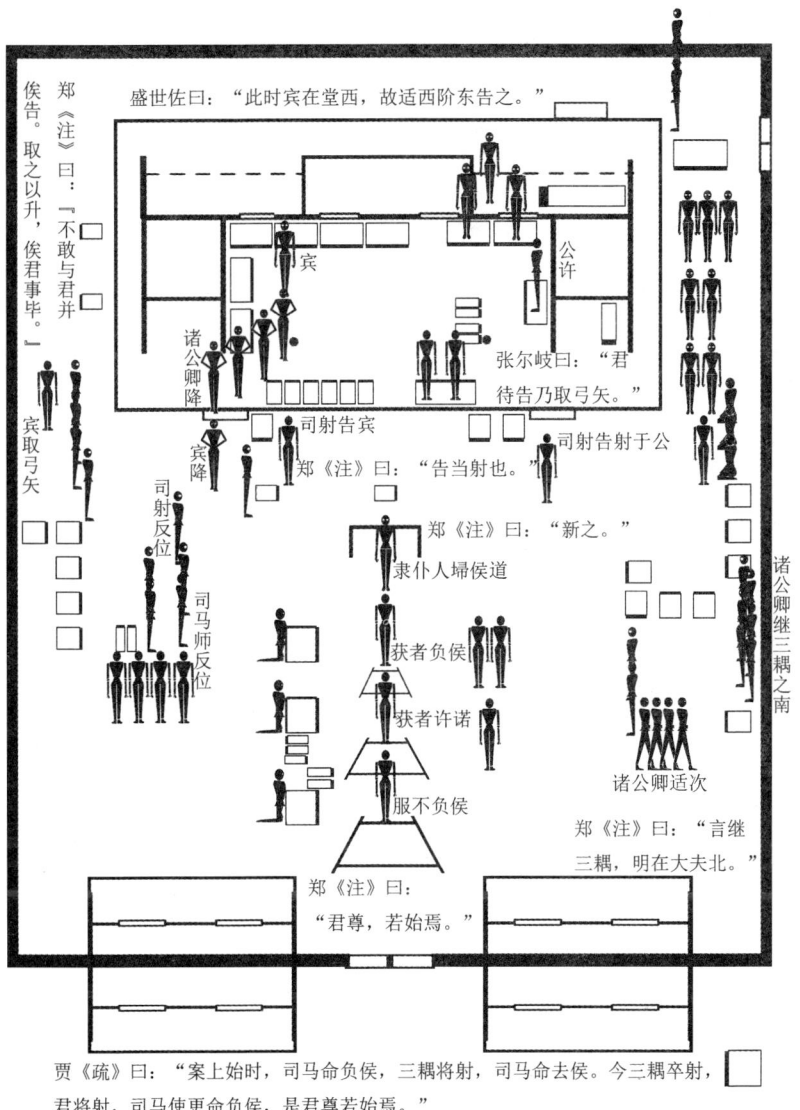

7-26-1　君于宾耦射图一

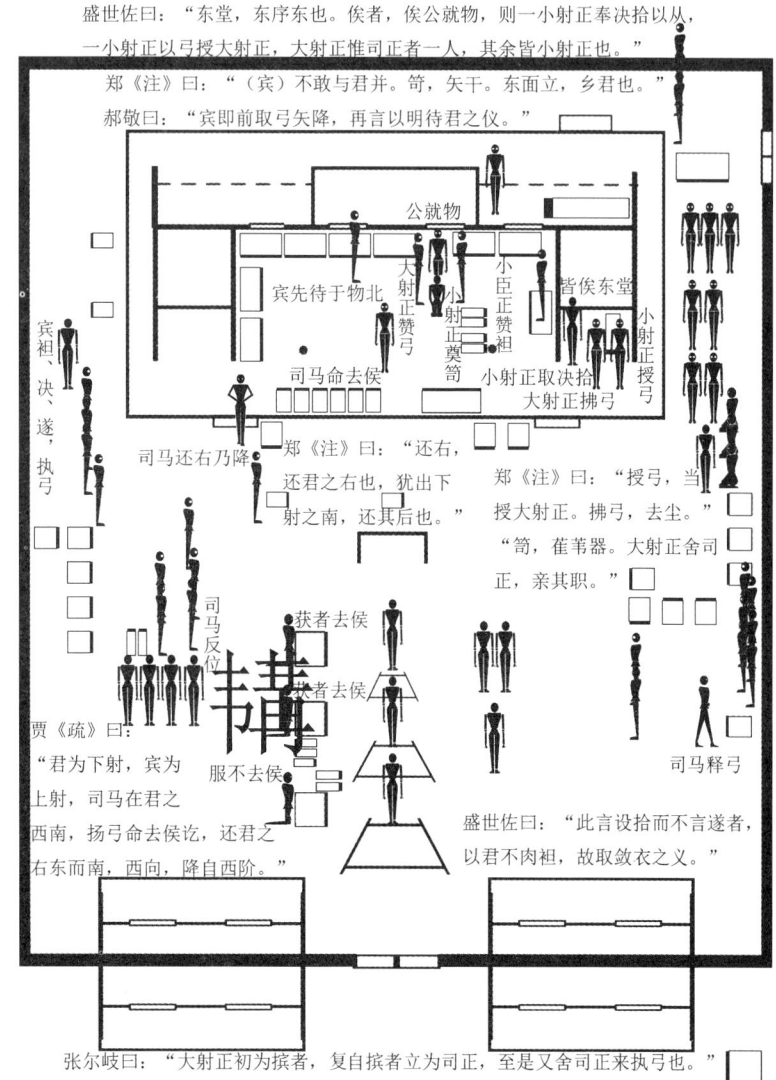

7-26-2　君于宾耦射图二

贾《疏》曰："此公与宾复升即位者，公卿以下当继射，公与宾当观之，故升就位也。"

郑《注》曰："（小臣师以巾内拂矢）内拂，恐尘及君也。稍属，不摺矢。"

"（下曰留，上曰扬，左右曰方）留，不至也。扬，过去也。方，出旁也。"

"（大射正）若不中，使君当知而改其度。"

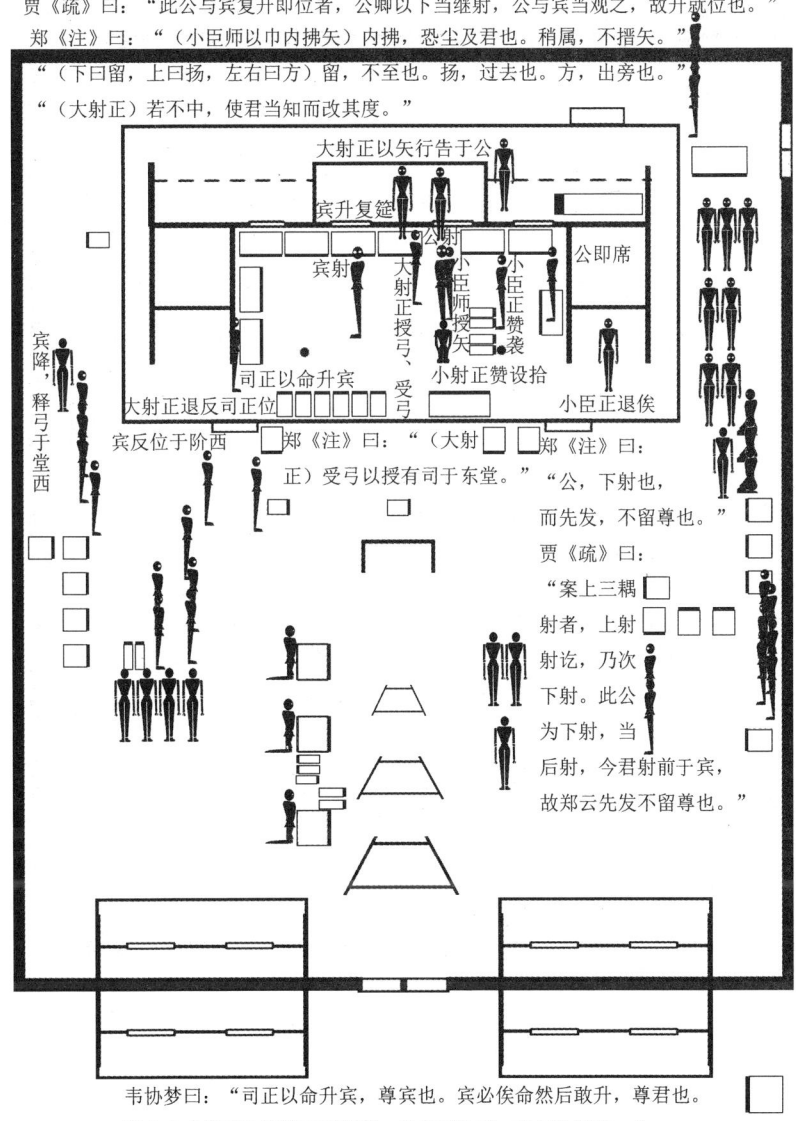

7-26-3　君于宾耦射图三

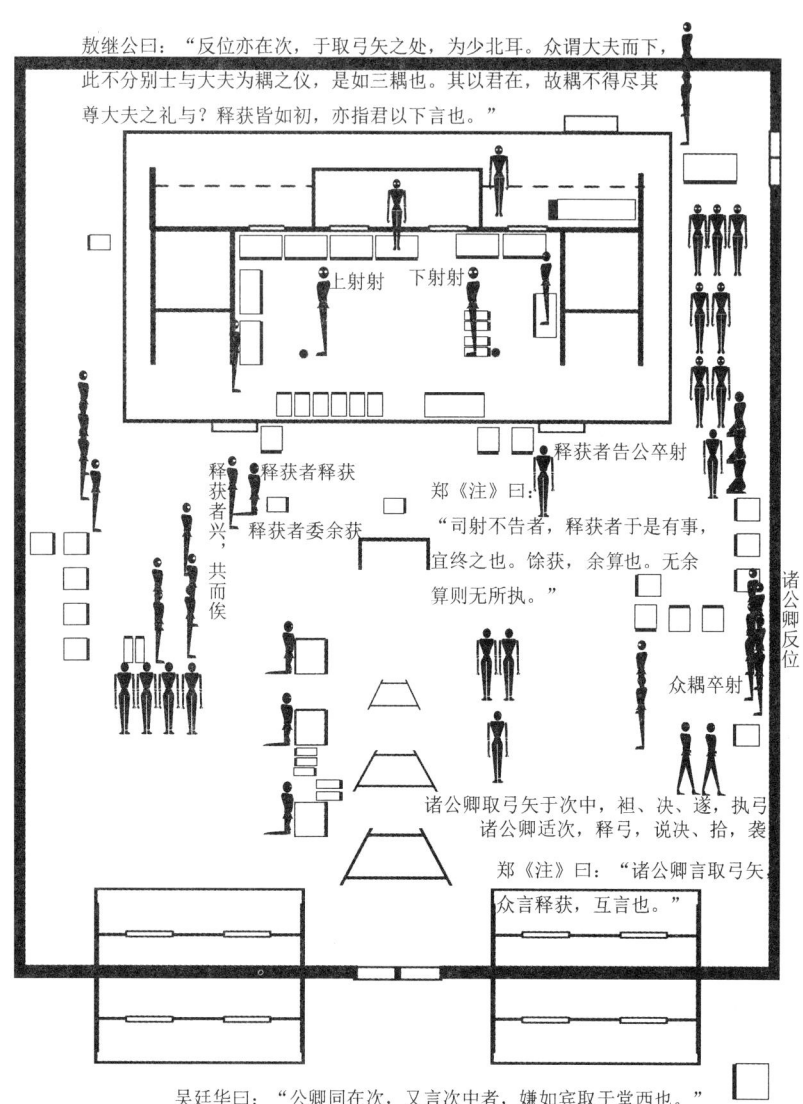

7-27-1 公卿大夫及众耦皆射图

方苞曰:"命取矢以下六节,皆三射之始事也。再射之算,尚未视获,未数贤获,未告中算,未释丰,未设射爵,未举侯,与有事于侯者未献,而汲汲于此,何也?以此时仪节甚繁,阅时其久,而司马与司射所掌之事,与所用之地各异,故乘司马发命之隙,使有司各供其事,并行而不相悖。而司射既请三射于公,可直入次而命三耦矣。礼之所谓连而不相及,茂而有间,此其可验者也。"

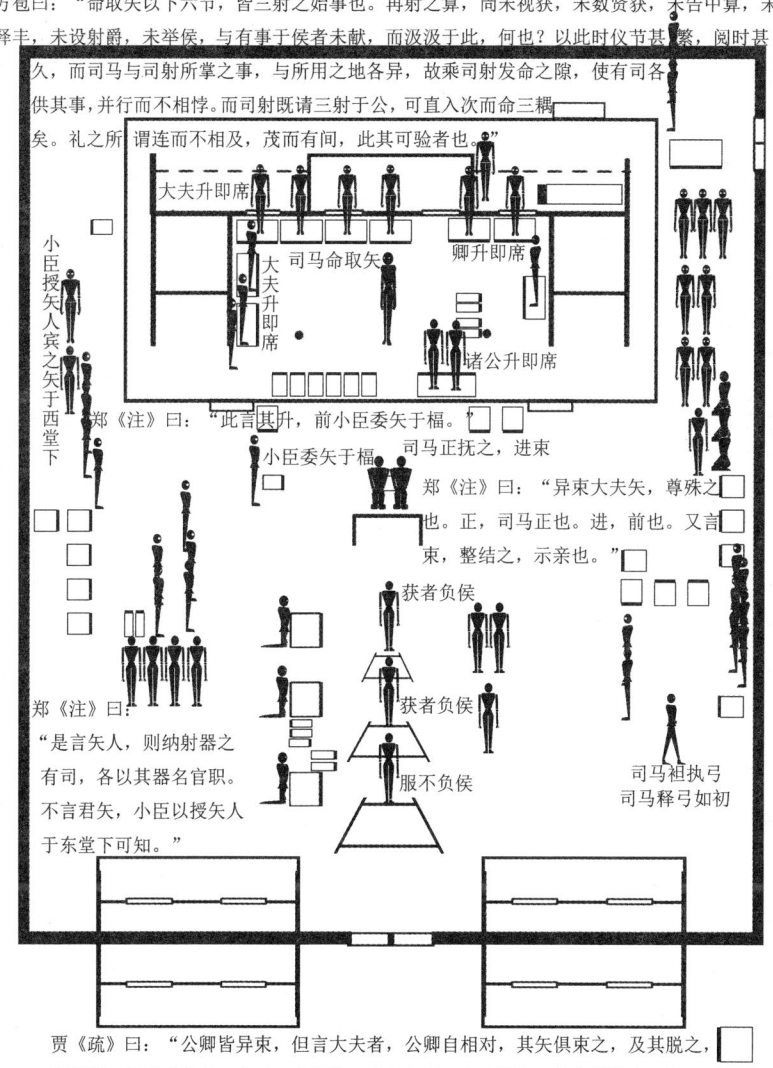

郑《注》曰:"是言矢人,则纳射器之有司,各以其器名官职。不言君矢,小臣以授矢人于东堂下可知。"

贾《疏》曰:"公卿皆异束,但言大夫者,公卿自相对,其矢俱束之,及其脱之,亦拾取。但三耦之内,大夫以士耦之,士矢不束,大夫束之,故曰尊殊之。"

7-28-1 射讫取矢图

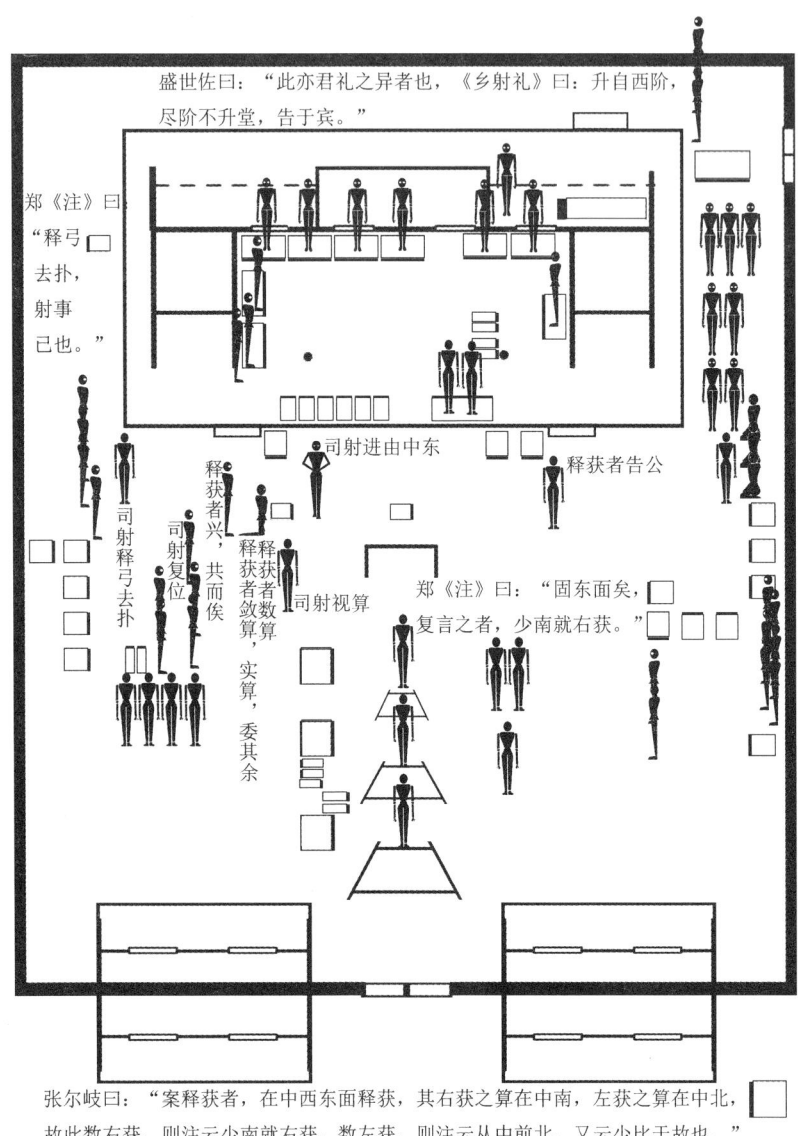

7-29-1　数左右获算多少图

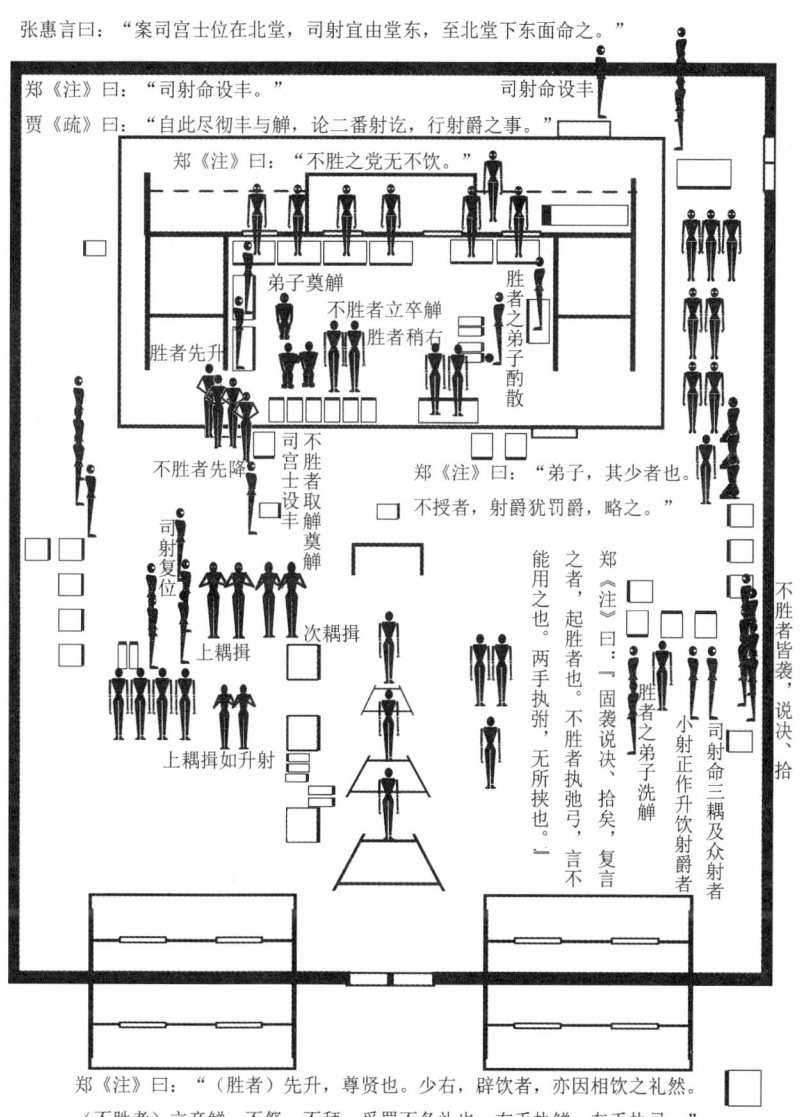

7-30-1 饮不胜者图一

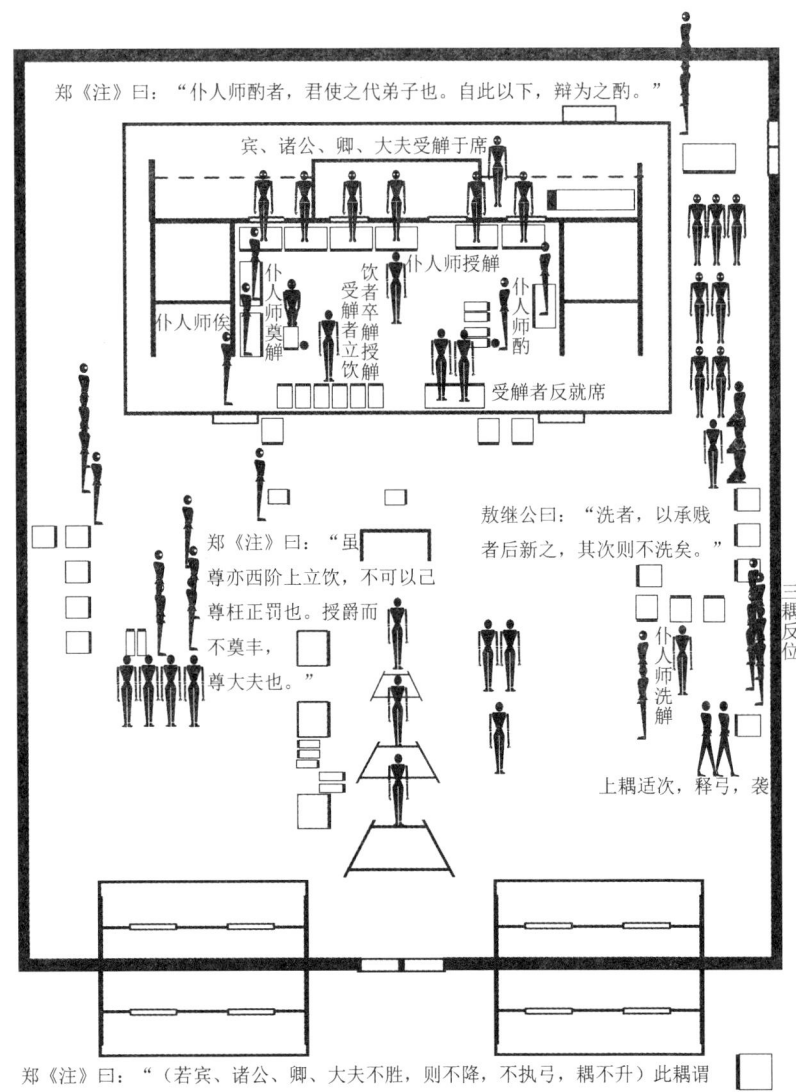

7-30-2 饮不胜者图二

敖继公曰："宾坐祭以下，此与媵觯之礼同者也。以致者，亦奠于荐南，公卒觯以下，此与媵觯之礼异者也，所以谓之射爵也。"

郑《注》曰："宾复酌自饮者，夹爵也。但如致爵，则无以异于《燕》也。夹爵，亦所以耻公也。所谓若饮君，燕则夹爵。"

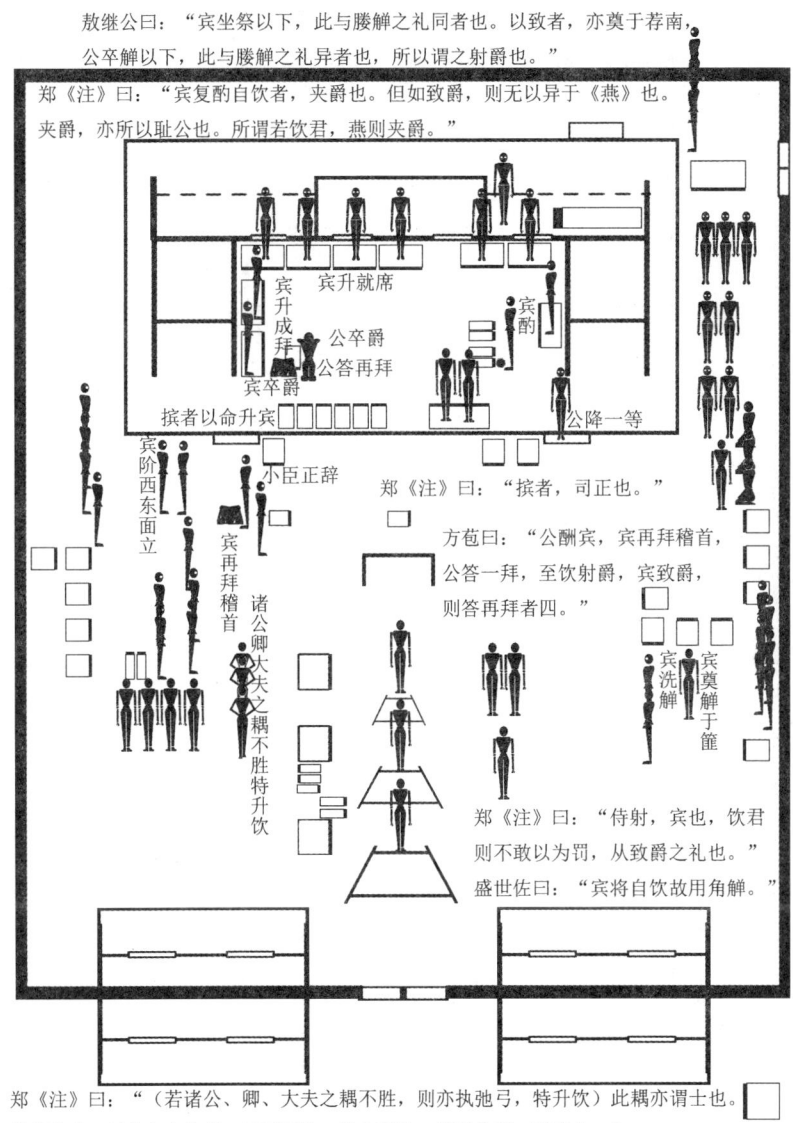

郑《注》曰："（若诸公、卿、大夫之耦不胜，则亦执弛弓，特升饮）此耦亦谓士也。特犹独也。以尊与卑为耦，而又不胜，使之独饮，若无伦匹，孤贱也。"

7-30-3　饮不胜者图三

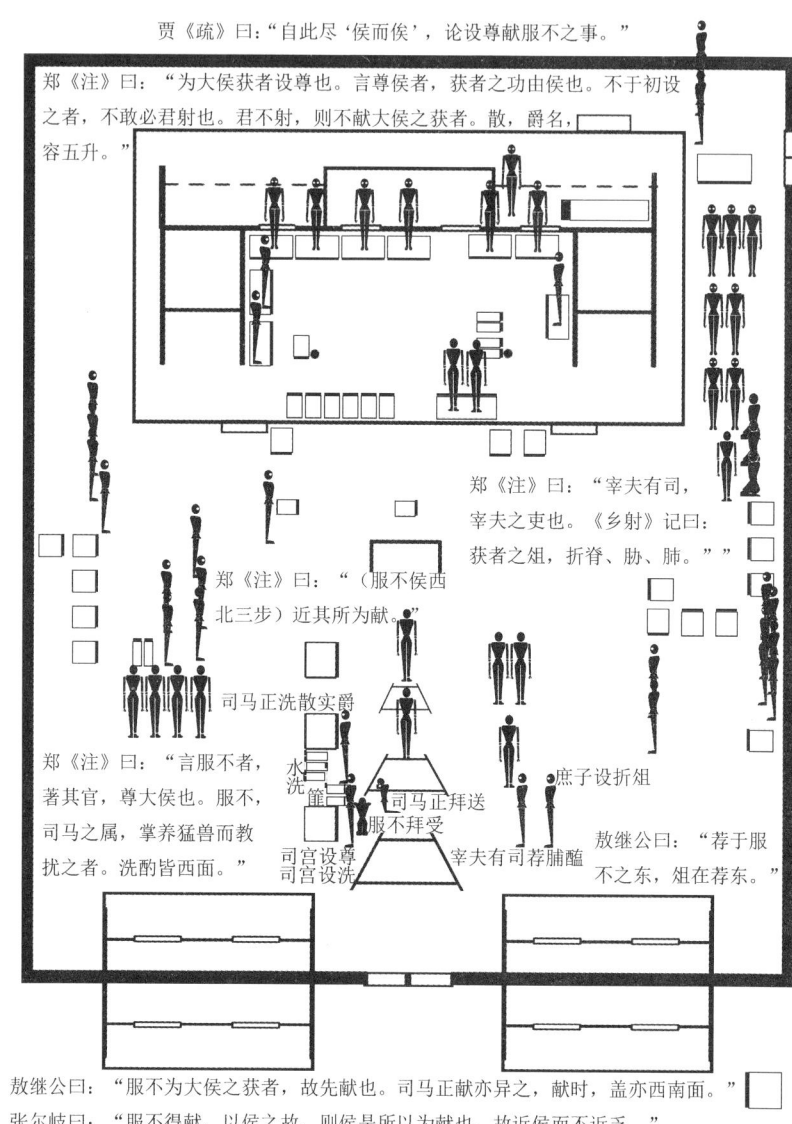

7-31-1 献获者图一

郑《注》曰:"不言服不,言获者,国君大侯,服不负侯。其徒居乏待获,变其文,容二人也。司马正皆献之。荐俎已错,乃适右个,明此献己,已归功于侯也。适右个由侯内。《乡射》记曰:东方谓之右个。"

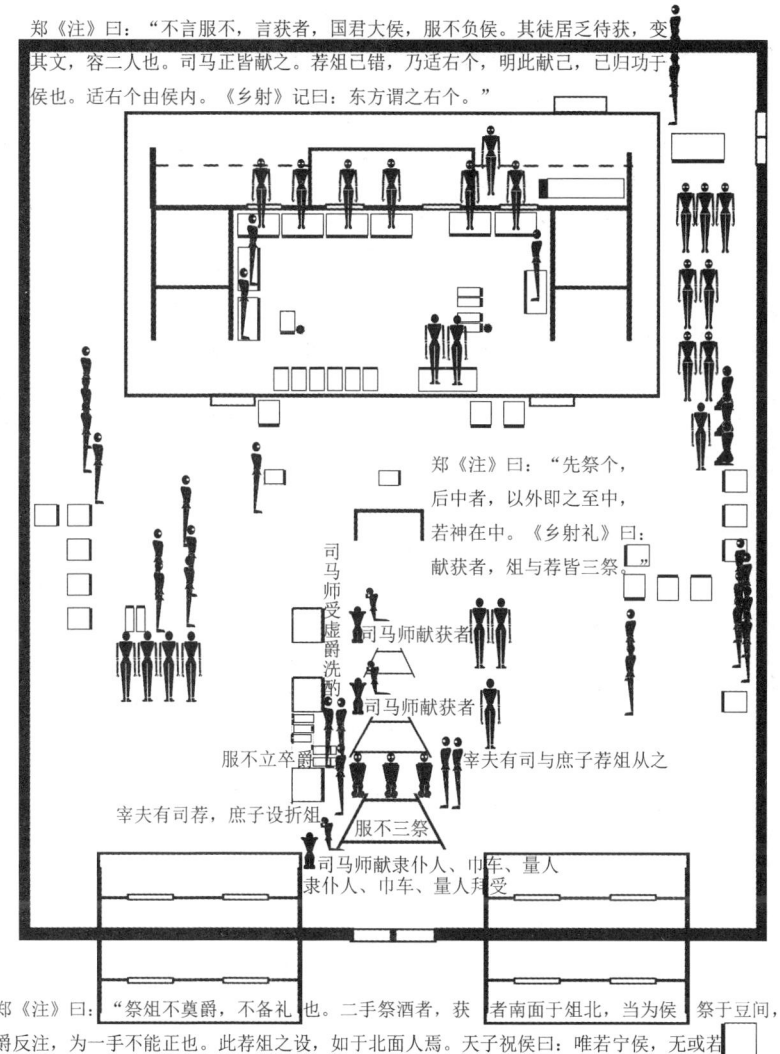

郑《注》曰:"祭俎不奠爵,不备礼也。二手祭酒者,获者南面于俎北,当为侯。祭于豆间,爵反注,为一手不能正也。此荐俎之设,如于北面人焉。天子祝侯曰:唯若宁侯,无或若女不宁侯,不属于王所,故抗而射女。强饮强食,贻女曾孙诸侯百福。诸侯以下,祝辞未闻。"

7-31-2 献获者图二

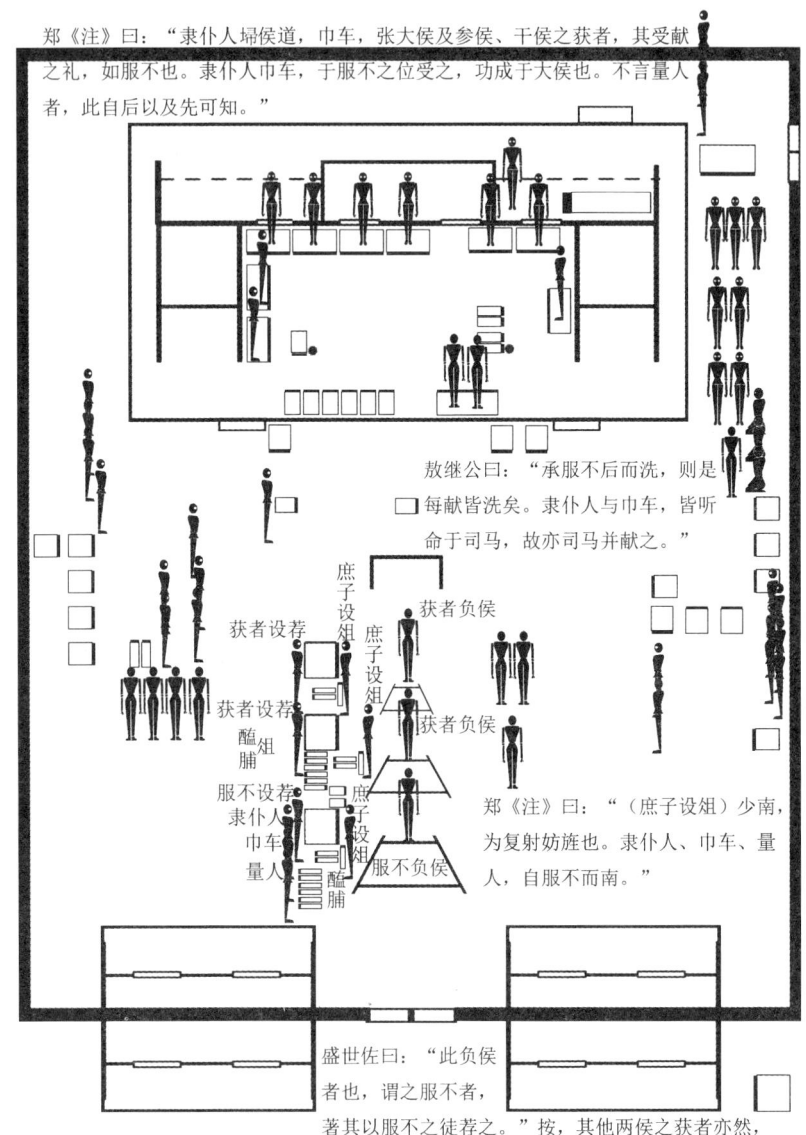

7-31-3 献获者图三

郑《注》曰："献释获者与获者异，文武不同也。去扑者，扑不升堂也。少南，辟中。"

贾《疏》曰："自此尽'反位'，论献释获者之事。言文武不同者，以其献获者于侯西北面受献，归功于侯，是其武献；释获者升堂酌酒，东面献之，就释算之所，是其文，故云文武不同。"

郑《注》曰："为将复射。"

司射袒、决、遂，取弓

司射释弓，说决、拾，袭

司射去扑
司射搢扑

司射反位
醢脯

释获者少西辟荐，反位

释获者坐祭

释获者拜受

有司荐脯醢折俎

司射拜送

释获者立卒爵

郑《注》曰："俎与服不同，唯祭一为异。"

《正义》曰："服不之俎与荐，皆有三祭，以其祭侯三处，各用其一也。"

司射实觯

司射洗觯

郑《注》曰："祭俎不奠爵，亦贱不备礼。"

"辟荐少西之者，为复射妨司射视算，亦辟俎也。"

韦协梦曰："（司射反位）必搢扑反位者，以献获者之事未终，不敢由便也。"（即直由阶西至阼阶下）

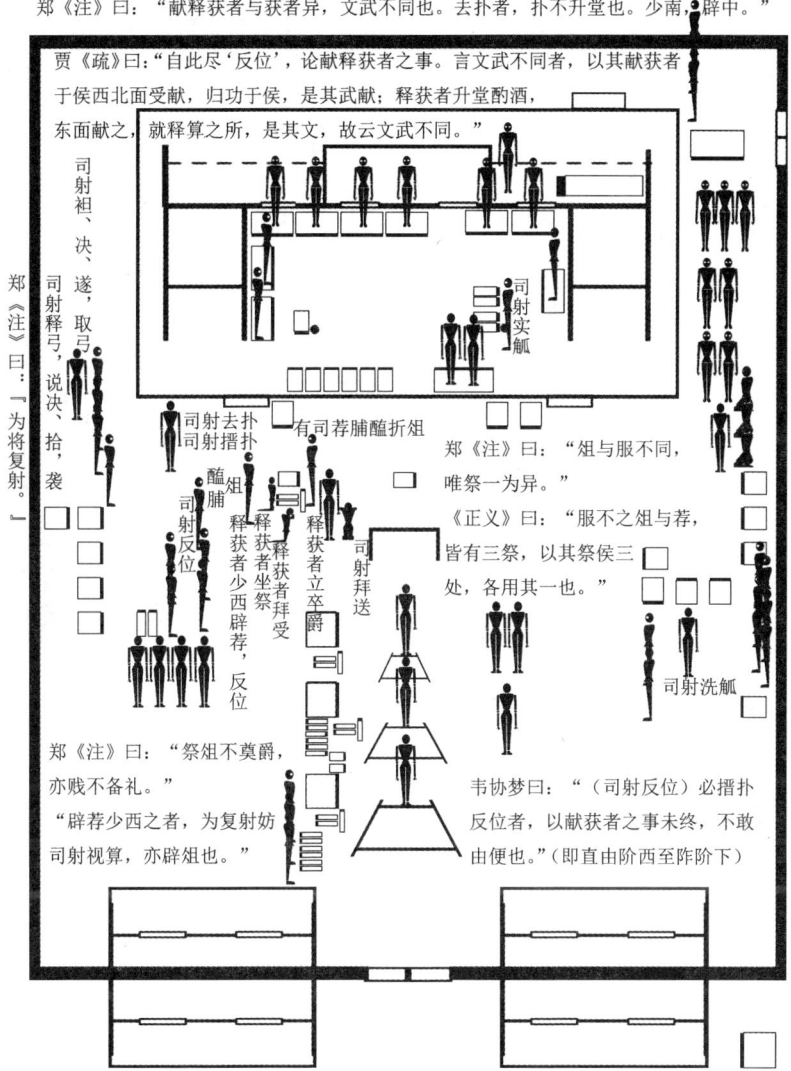

7-32-1 献释获者图

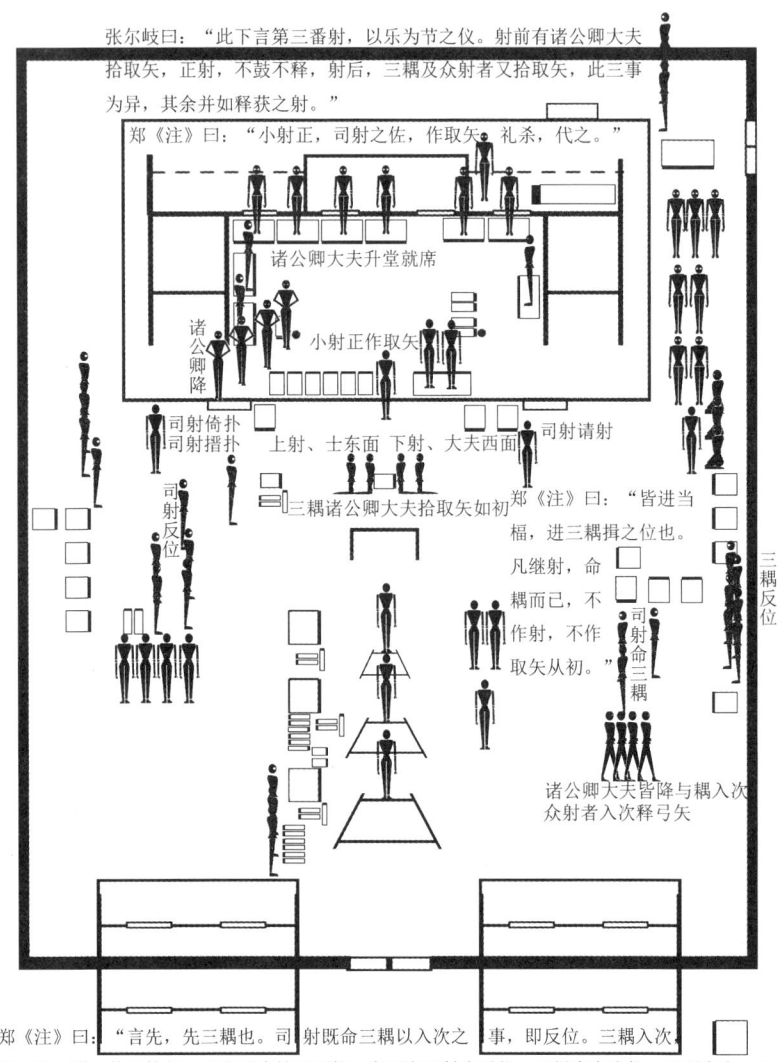

7-33-1 将以乐射射者取矢图

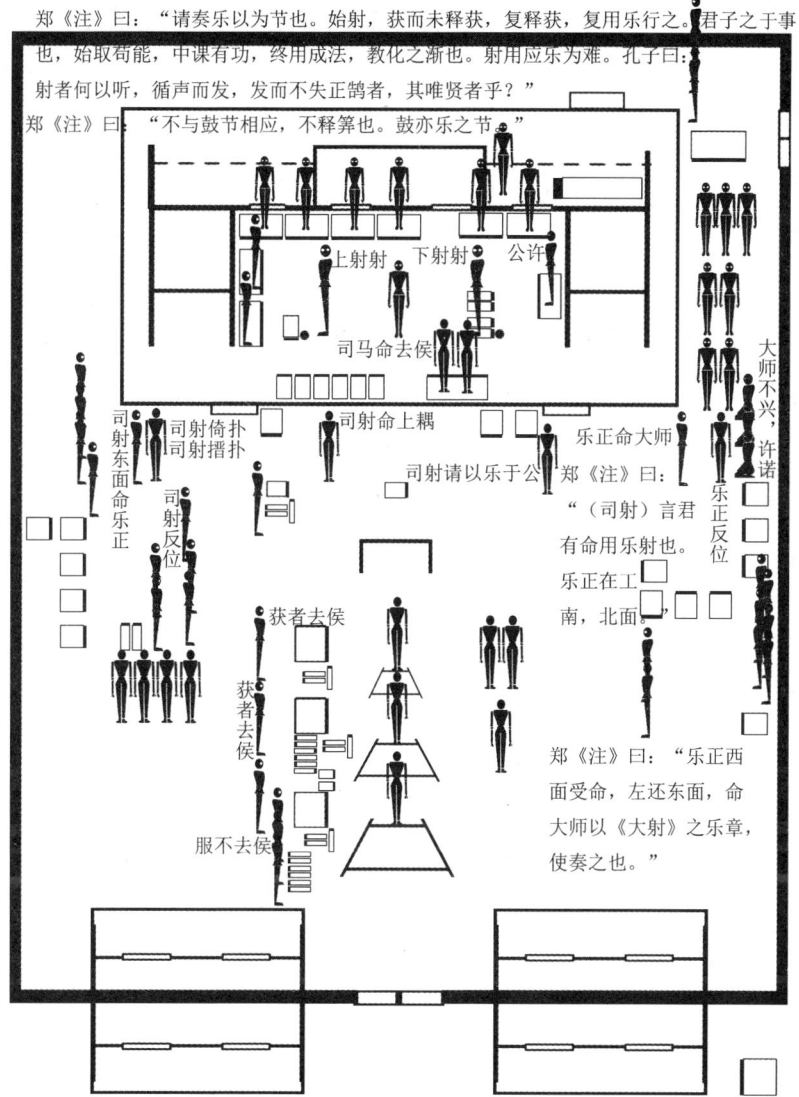

7-34-1　以乐节射图一

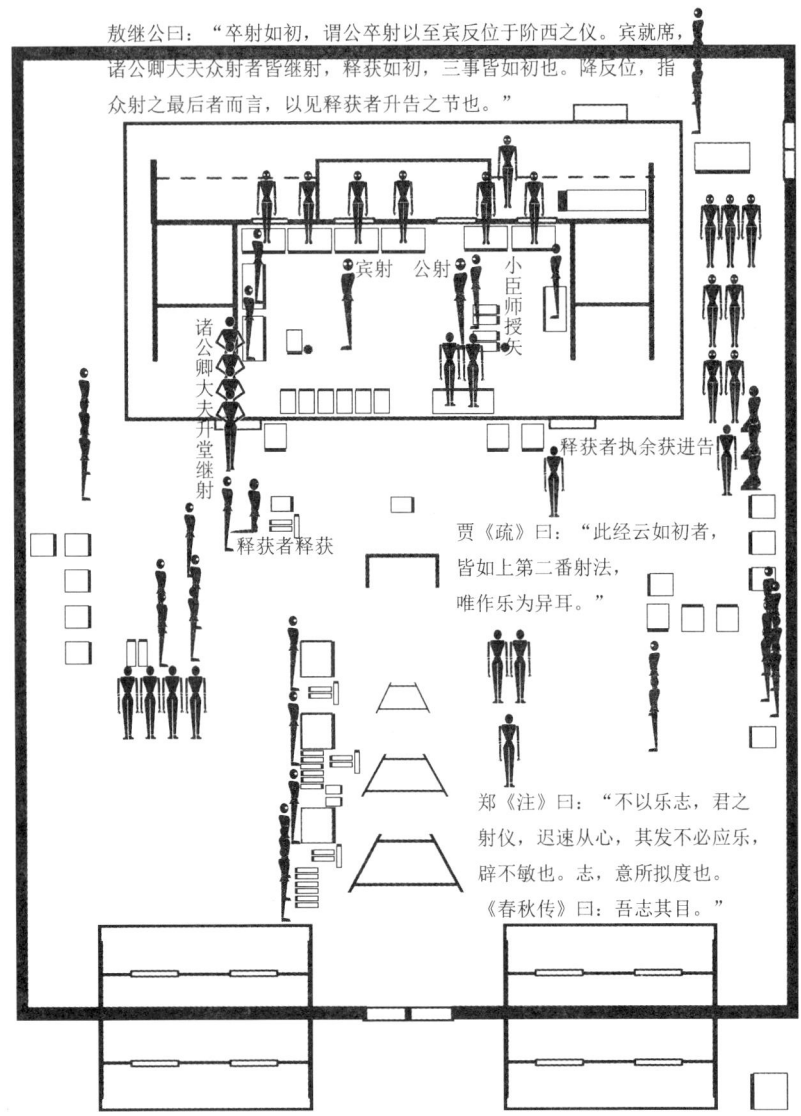

7-34-2 以乐节射图二

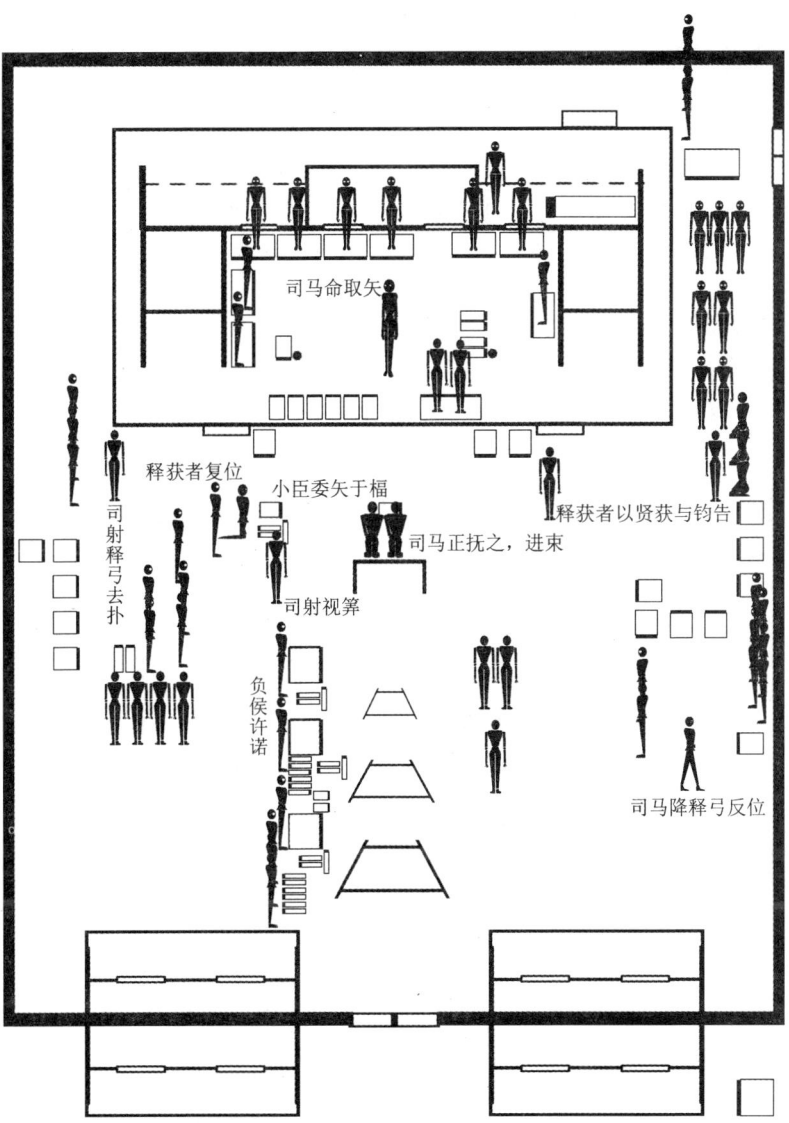

7-35-1 乐射后取矢数获图

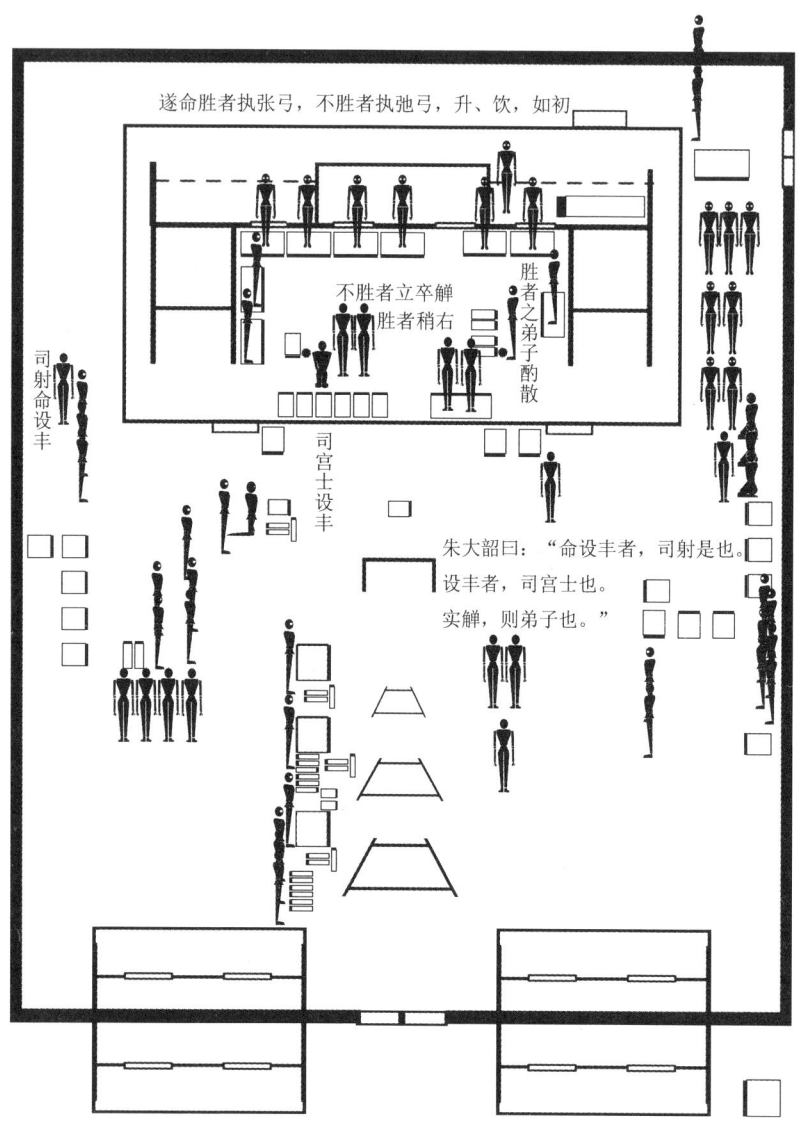

7-36-1 乐射后饮不胜者图

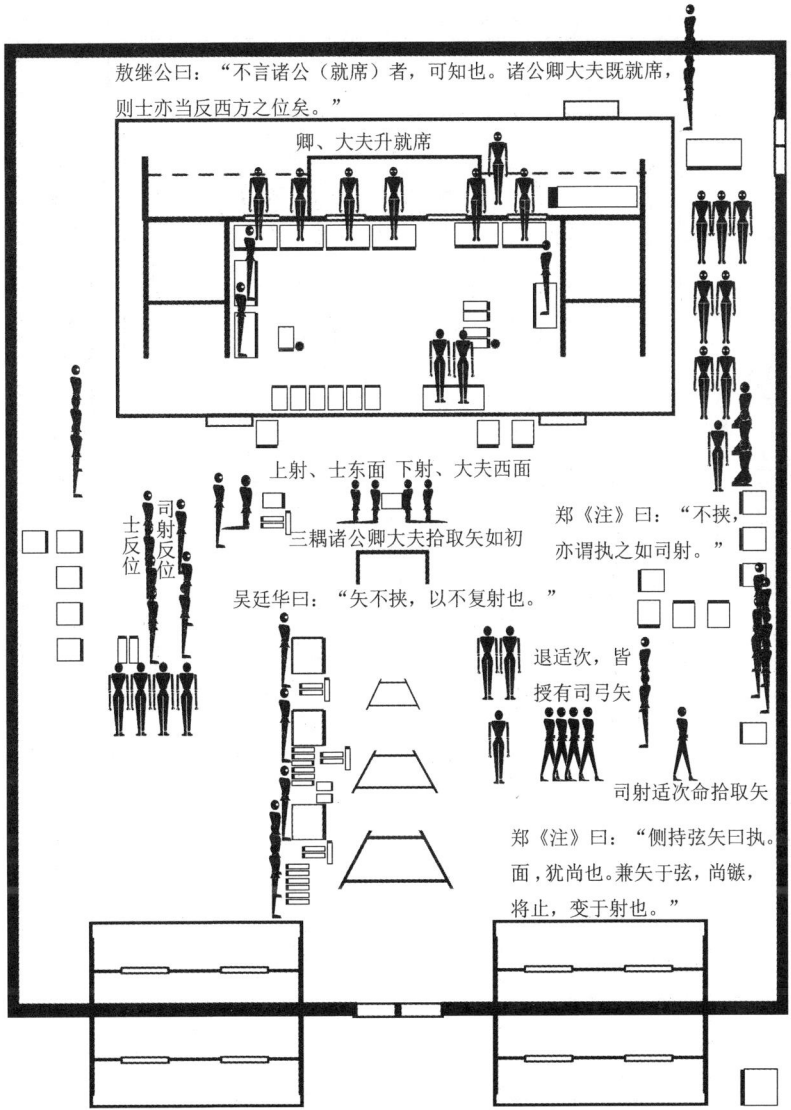

7-37-1 乐射后拾取矢图

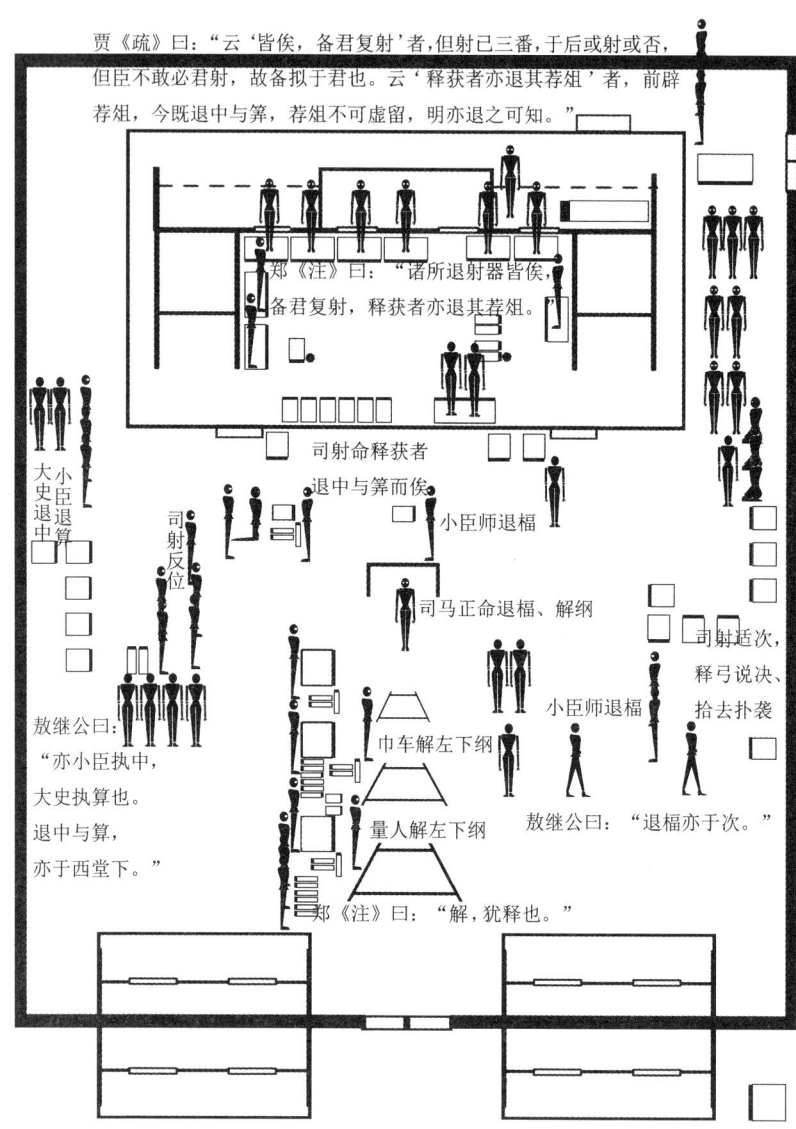

7-38-1　三番射竟退诸射器将坐燕以终礼图

大射所涉人物一览表（左）

大射第七

		一、射前准备与燕礼																	二、大射				
																			（一）第一番射				（二）第二番射
		1.戒百官	2.前射三日戒宰视涤濯量豆张幂	3.射前一日设乐县	4.射日陈燕具席位	5.命宾纳宾	6.主人献宾	7.宾酢主人	8.主人献公	9.主人受公酢	10.主人酬宾	11.二人媵觯为宾举旅酬	12.公取媵觯酬宾遂旅酬	13.主人献卿	14.二人再媵觯	15.公又行一觯为卿举旅	16.主人献大夫	17.作乐娱宾射前燕备礼	18.将射立司正安宾仪	19.请纳射器比耦	20.司射诱射	21.三耦射	22.三耦射后取矢	23.将射命耦
国君	命戒					即位，揖近，命宾，命执幂者，羞膳者				受酒	拜	命媵爵者，受酒	酬宾，命旅酬，旅酬		受酒	旅酬			立司正	许				许
卿						即位，进								受酒		旅酬			诺					
宰	卿爵，在表属于诸侯的职官系统中处于最高的地位。胡匡衷认为诸侯之宰是由司徒兼任的。详见《仪礼释官》卷三																							
司马	命爵，是命人、巾车																							
	卿爵，是政务官。日常负责诸侯的军赋等事务。详见《仪礼释官》卷三																							

续表 1

大射第七

	一、射前准备与燕礼																	二、大射					
																		(一) 第一番射				(二) 第二番射	
	1.戒百官	2.前射三日戒誓视涤量遣张侯	3.射前一日设乐县	4.射日陈燕具席位	5.命宾纳宾	6.主人献宾	7.宾酢主人	8.主人献公	9.主人受公酢	10.主人酬宾	11.二人媵觯为宾举旅	12.公取媵觯酬宾遂旅酬	13.主人献卿	14.二人再媵觯	15.公又行一觯为卿举旅	16.主人献大夫	17.作乐娱宾射前燕礼备	18.将射司正安察仪	19.请射纳射器比耦	20.司射诱射	21.三耦射	22.三耦射后取矢	23.将射命耦
宾					辞,出	即位,受酒,祭哜	醉主人																
大夫					即位,进					受酒		旅酬				受酒			即位				
士					即位						旅酬												
众耦					告具																		
三耦																		诺			射		
司士、赞者																							
戒诸公卿大夫、射人																							即位

大射 115

续表 2

大射第七

		一、射前准备与燕礼																	二、大射			
																			(一) 第一番射			(二) 第二番射
	1. 戒百官	2. 前射三日宰视涤量遣张侯	3. 射前一日设乐县	4. 射日陈燕具席位	5. 命宾纳宾	6. 主人献宾	7. 宾酢主人	8. 主人献公	9. 主人受公酢	10. 主人酬宾	11. 二人媵觯将为宾举旅酬	12. 公取媵觯酬宾遂旅酬	13. 主人献卿	14. 二人再媵觯	15. 公又行一觯为卿举旅	16. 主人献大夫	17. 作乐娱宾射前燕礼备	18. 将射司正立安宾察仪	19. 请射纳射器比耦	20. 司射诱射	21. 三耦射	22. 三耦射后取矢	23. 将射命耦
摈者					傧礼，请宾，命宾，升宾	升宾																	
司正												传命旅酬始，升大夫长受酬酒	升卿			升大夫		请立司正，遂被命为司正					
司射																		洗，代公安宾，酌酒，奠觯		请射命有司纳射器，誓大史，比三耦	诱射	命射，命上射毕告君		请射比众耦

射人，是为诸侯"掌以射法治射仪"之人。胡匡衷认为，诸侯的射人有"上士二人为长，下士之属，其下亦当有中士、下士之属，谓之小射正 (司射之佐)也"

大射第七

续表 3

	一、射前准备与燕礼																	二、大射					
																		(一) 第一番射					(二) 第二番射
	1.戒百官	2.前射三日视涤濯量鼎篚张侯	3.射前一日设乐县	4.射日陈燕具席位	5.命宾纳宾	6.主人献宾	7.宾酢主人	8.主人献公	9.主人受公酢	10.主人酬宾	11.二人媵觯将为宾举旅酬	12.公取媵觯酬宾遂旅酬	13.主人献卿	14.二人再媵觯	15.公又行一觯卿为举旅	16.主人献大夫	17.作乐娱宾射前燕礼备	18.将射立司正安宾袭仪	19.请射纳射器比耦	20.司射诱射	21.三耦射	22.三耦射后取矢	23.将射命耦
小射正																							
司马正					就位																命取矢设楅	乘矢	
司马师																				命侯负侯命去侯			
大史																			承命				
小史																							

射箭比赛中的司马,并非任职于诸侯的卿爵司马。在大射礼中,司马是由士担任的。而服务于大射的司马并非一人,其长叫作司马正,司马正之佐叫作司马师。

大史:大史,即是左史,在史官系统中侧重于记录诸侯之行事。胡匡衷经过考证后,认为任职于诸侯的大史当以上士为之。大史还担任大射礼中的释获者(即计算射筹确定射手胜负的人)。

小史:小史是大史的属官,胡匡衷认为,诸侯之小史"当下士为之"。小史还担任大射礼中的释获者(即大史)的副手。

大射第七

		一、射前准备与燕礼															二、大射					
																	(一) 第一番射					(二) 第二番射
		1.戒百官	2.前射三日视涤濯量道张侯	3.射前一日设乐县	4.射日陈燕具席位	5.命宾纳宾	6.主人献宾	7.宾酢主人	8.主人献公	9.主人受公酢	10.主人酬宾	11.二人媵觯为宾举旅酬	12.公取媵觯酬宾遂旅酬	13.主人献卿	14.二人再媵觯	15.公又行一觯为卿举旅	16.主人献大夫	17.作乐娱宾射前燕礼备	18.将射立司正安宾絜仪	19.请射纳射器比耦	20.司射诱射	21.三耦射	22.三耦射后取矢	23.将射命耦
获者																						受旌,唱获	执旌,负侯后去侯至侯受之,授旌	
	服不,大侯(大射三个箭靶中最尊者)的获者,胡匡衷认为其由士旅贲担任。详见《仪礼释官》卷三																							
矢人																								
	矢人是"纳射器之有司"。胡匡衷认为诸侯之工亦当以士为之。据《大射》记载,矢人负责收纳射礼所用的箭矢																							
宰夫		戒宰、司马、射人					媵手,受酒酌酒酬宾	媵手,酌酒献公	媵手,酌酒自酢	媵手,酌酒酬宾						洗爵,酌酒献大夫	献工						
							进脯醢									进脯醢								
宰胥																								
	宰胥,亦称为"胥",膳宰的属吏。胡匡衷经过考证后认为宰胥的身份是卿人在官者,宰胥负责食礼中进荐干肉和肉酱																							

续表 5

大射第七

	一、射前准备与燕礼																	二、大射				
																	(一) 第一番射					(二) 第二番射
	1.戒百官	2.前射三日戒宰视涤量道张侯	3.射前一日设乐县	4.射日陈燕具席位	5.命宾纳宾	6.主人献宾	7.宾酢主人	8.主人献公	9.主人受公酢	10.主人酬公	11.二人媵觚将举旅	12.公取媵觚酬宾旅酬	13.主人献卿	14.二人再媵觯	15.公又行一爵为卿举旅	16.主人献大夫	17.作乐娱宾射前燕礼备	18.将射正安宾祭仪	19.请射纳射器比耦	20.司射诱射	21.三耦三射	22.三耦射后取矢	23.将射命耦
膳宰					请为公卿进食者																		
膳宰就是"掌宰饮食膳羞者也"。贾公彦认为膳宰的地位"单与宰夫"。胡匡衷认为其当以其中士为之,相当于《周礼》中的膳夫																							
庶子						设折俎		设折俎					设折俎										
大乐正																							
胡匡衷认为,其应当由下大夫担任,主要负责主持音乐的演奏,小乐正为其佐。详见《仪礼释官》卷三																							
小乐正																	升堂						
小乐正,为乐工之长。胡匡衷认为,"小乐正当上士"																							
大师																入、奏							
工,是乐人的通称。《仪礼》中的士担任的乐工主要有大师、少师、瞽人、磬人、笙、钟人、大师,为"工之长",以士为之																							
少师																入、奏							
大师之佐是少师。胡匡衷认为,诸侯之少师当以中士为之。其职责也是演唱或演奏音乐																							

续表 6

大射第七

	一、射前准备与燕礼																		二、大射				
																			(一) 第一番射				(二) 第二番射
	1.戒百官	2.前射三日视涤量遣张侯	3.射前一日设乐县	4.射日陈燕具席位	5.命宾纳宾	6.主人献宾	7.宾酢主人	8.主人献公	9.主人受公酢	10.主人酬宾	11.二人媵觯为宾举旅	12.公取媵觯酬宾遂旅酬	13.主人献卿	14.二人再媵觯	15.公又行一爵卿为宾举旅	16.主人献大夫	17.作乐娱宾射前燕礼备	18.将射立司正安察仪	19.请射纳射器比耦	20.司射诱射	21.三耦射	22.三耦射后取矢	23.将射命耦
上工	上工，相当于《周礼》中的上瞽，地位单于大师与少师																人，奏						
磬人						奏乐	奏乐	奏乐									奏乐						
镈人						奏乐	奏乐	奏乐									奏乐						
鼓人						奏乐	奏乐	奏乐									奏乐						
钟人						奏乐	奏乐	奏乐									奏乐						
乐人			悬器																				
钟人从者	任职于诸侯，身份不详，负责悬挂乐器。详见《仪礼释官》卷二																						
仆人者																	相大师						
仆人正	仆人非一人。仆人正，即仆人之长；仆人师是仆人正的佐官																						

大射第七

		一、射前准备与燕礼																二、大射				
																		(一)第一番射					(二)第二番射
	1.戒百官	2.前射三日戒诸视涤量遗张	3.射前一日设乐县	4.射日陈燕具席位	5.命宾纳宾	6.主人献宾	7.宾酢主人	8.主人献公	9.主人受公酢	10.主人酬宾	11.二人媵觯为宾举旅酬	12.公取媵觯酬宾遂旅酬	13.主人献卿	14.二人再媵觯	15.公又行一觯为卿举旅	16.主人献大夫	17.作乐娱宾射前燕礼备	18.将射正立司正安宾繁仪	19.请射纳射器比耦	20.司射诱射	21.三耦射	22.三耦射后取矢	23.将射命耦
仆人师																	相少师						
仆人士																	相上工						
仆人正的属官，胡匡衷认为其由其由士旅食者担任，主要负责担任上工的相者。详见《仪礼释官》卷三																							
小臣					布君席	导宾					请媵觯者、命媵觯者			请媵觯者、命媵觯者			导工人			取矢、委矢			
小臣，是"君之近臣"。小臣的主要职责随贵随侍诸侯 "正君服位"。小臣正为小臣之长，负责协助国君脱穿礼服。小臣师为小臣正之佐，与大射正（即司正）联事，授与国君射器																							
小臣正								代公辞宾降拜															
小臣师																					设楅		

大射第七

	一、射前准备与燕礼																		二、大射				
																			(一)第一番射				(二)第二番射
	1.戒百官	2.前射三日戒视涤濯量道张侯	3.射前一日设乐县	4.射日陈燕具席位	5.命宾纳宾	6.主人献宾	7.宾酢主人	8.主人献公	9.主人受公酢	10.主人酬宾	11.二人媵觯将为宾举旅酬	12.公取媵觯酬宾遂举旅酬	13.主人献卿	14.二人再媵觯	15.公又行一觯卿举旅	16.主人献大夫	17.作乐娱宾射前燕礼备	18.将射司立安宾正奠絷仪	19.请射纳射器比耦	20.司射诱射	21.三耦射	22.三耦射后取矢	23.将射命耦
司宫				设酒器，布宾席									设卿重席						扫				
工人																							
士	任职于诸侯的工匠，表认为其应当由士旅贲担任，大射礼中负责标示射手射箭时所站立的位置。详见《仪礼释官》卷三																		画物				
梓人	任职于诸侯的工匠，表认为其应当由士旅贲担任，大射礼中负责标示射手射箭时所站立的位置。详见《仪礼释官》卷三																		画物				
巾车	巾车就是车马官。胡匡衷表认为诸侯之巾车由上士担任。并兼有《周礼》中的巾车与车仆之职																						
量人	任职于诸侯的工匠，胡匡衷表认为其应当由士旅贲担任，大射礼中负责侯道与设乏，张三侯，射事解绚。详见《仪礼释官》卷二	张侯																	量侯道，设乏三侯				
阍人	任职于诸侯，胡匡衷表认为由士旅贲担任，礼仪中主要负执勉照明。详见《仪礼释官》卷三																						

续表 9

大射第七

	一、射前准备与燕礼																	二、大射					
																		(一)第一番射					(二)第二番射
	1.戒百官	2.前射三日戒宰视涤量张侯	3.射前一日设乐县	4.射日陈燕具席位	5.命宾纳宾	6.主人献宾	7.宾酢主人	8.主人献公	9.主人受公酢	10.主人酬宾	11.二人腾觯将为宾举旅酬	12.公取腾觯酬宾遂旅酬	13.主人献卿	14.二人再腾觯	15.公又行一爵为卿举旅	16.主人献大夫	17.作乐娱宾射前燕礼备	18.将射立司正察仪	19.请射纳射器比耦	20.司射诱射	21.三耦三射	22.三耦射后取矢	23.将射命耦
甸人	任职于诸侯，胡匡衷认为由士旅食担任，礼仪中主要负责执烛照明。详见《仪礼释官》卷二																						
祝史					即位																		
士旅食																							
执幂者					即位	启幂覆幂	启幂覆幂																
腾爵者					就位																		
执膳爵者										洗、酌酒、祭、献公													
执散爵者																							

大 射 123

续表 10

大射第七

		一、射前准备与燕礼																二、大射					
																		(一) 第一番射					(二) 第二番射
		1. 戒百官	2. 前射三日戒涑视量道张簇侯	3. 射前一日设乐县	4. 射日陈燕具乐席位	5. 命宾纳宾	6. 主人献宾	7. 宾酢主人	8. 主人献公	9. 主人受公酢	10. 主人酬宾	11. 二人媵觯将举旅宾酬	12. 公取媵觯酬宾遂旅酬	13. 主人献卿	14. 二人再媵觯	15. 公又行一觯为卿举旅	16. 主人献大夫	17. 作乐娱宾射前燕备	18. 将射司正立安宾察仪	19. 请射纳射器比耦	20. 司射诱射	21. 三耦射	22. 三耦射后取矢	23. 将射命耦
有司			陈设		陈设布席,煮牲肉									进脯醢				布工席,进脯醢		纳射器				
隶人	任职于诸侯。胡匡衷认为其应当由士旅食者担任,大射礼中负责打扫伺候道。详见《仪礼释官》卷三																							
内小臣																								
诸公卿从者																								
附注		1027	1027—1028	1027—1029	1029	1029—1030	1030	1032					1032—1033	1033				1033—1034	1034	1034—1035	1035	1035	1035—1036	1036

大射所涉人物一览表（右）

	大射第七																						
	二、大射															三、射毕燕饮							
	（二）第二番射								（三）第三番射														
	24.三耦拾取矢福	25.三耦再射释获	26.君子宾耦射	27.公卿大夫众耦皆射	28.射讫取矢	29.数左右获算多少	30.饮不胜者	31.献获者	32.献释获者	33.将以乐射者取矢	34.以乐节射	35.乐阕取矢数获	36.乐阕饮不胜者	37.乐阕拾取矢	38.三番射竟退射器将坐燕以终礼	39.为大夫举旅酬	40.彻俎安坐	41.主人献士及旅食	42.宾举爵为士旅酬	43.坐燕时或复射	44.主人献庶子等献礼之终也	45.燕末尽欢	46.宾出公入
国君		许					胜者受酒,不胜者饮			许						旅酬	许,命彻		受酒,赐酒,旅酬	命射	命受酬者,命去解		出
卿			即位		升		受酒				射		取矢			旅酬	彻俎,安						
宰	卿爵,在隶属于诸侯的职官系统中处于最高的地位。胡匡衷认为宰是由司徒兼任的,详见《仪礼释官》卷三																						
司马	卿爵,是政务官。日常负责诸侯的军赋等事务。详见《仪礼释官》卷三																						
宾											射		胜者受酒,不胜者饮	取矢		旅酬	彻俎,安		向公腰爵				出
大夫				射	升		受酒				射			取矢		旅酬		受酒	旅酬			旅酬	出
士				射							射			取矢					旅酬			旅酬	
众耦				射	升		升				射												

续表 1

大射第七

		(二) 第二番射					二、大射				(三) 第三番射						三、射毕燕饮				
	24.三耦取矢于福	25.三耦再射释获	26.君子宾耦射	27.公卿大夫众耦皆射	28.射讫取矢	29.数矢右获算多左获算少	30.饮不胜者	31.献获者	32.献释获者	33.将以乐射者取矢	34.以乐节射	35.乐射后取矢数获	36.乐射后饮不胜者	37.乐射后拾矢	38.三番射竟退诸将射器坐以燕终礼	39.为大夫举旅酬	40.彻俎安坐	41.主人献士及旅食	42.宾举爵为士旅酬	43.坐燕时或复射	44.主人献庶子等献礼之终也	45.燕末尽欢	46.宾出公入
三耦	取矢	射					升，胜者受酒，不胜者饮			取矢	射		胜者受酒，不胜者饮	取矢									
司士																						
射人																						
搈者							升宾										升宾，安宾						
司正			助公备房耦，援弓号射毕亦助			释获											命旅酬						
司射	命取矢	命射，请释获，设丰，命大史，命上射	告射				命设丰，命胜者饮不胜者		洗觯，酌酒献获者，后受空爵	命设丰，请射，命取矢，命乐正后受爵	命射，请以乐助射，命乐正，命射者	视算	命设丰，命胜者饮不胜者	命取矢	命彻					命射			

射人，是为诸侯"掌以射法洽射仪"之人。胡匡衷认为，诸侯的射人有"上士二人为长，下士之属，下士亦当有中士。一为司射，谓之大射正，一为司正；其下亦当有中士，下士之属，一为司射，一为司正（司射之佐）也"

续表 2

	大射第七																	三、射毕燕饮					
	二、大射																						
	(二)第二番射							(三)第三番射															
	24.三耦拾取矢于楅	25.三耦再射释获	26.君子宾耦射	27.公卿大夫众耦皆射	28.射讫取矢	29.数左右获算多少	30.饮不胜者	31.献获者	32.献释获者	33.将以乐射者取矢	34.以乐节射	35.乐射取矢数获	36.乐射后饮不胜者	37.乐射后拾取矢	38.三番射竟退诸射器将坐燕终礼	39.为大夫举旅酬	40.彻俎安坐	41.主人献士及旅食	42.宰举觯为士旅酬	43.坐燕时或复射	44.主人献庶子等献礼之终也	45.燕末尽欢	46.宾出公入
小射正			取公决拾,取大射弓授,公备射,射毕亦助				命上耦升堂			命卿大夫取矢													
司马正			命去侯		令取矢,委毕矢			洗散,酌酒献服不			命去侯	命取矢			命彻		诸彻俎,命彻俎						
司马师			命负侯,后命去侯			受空散,酌酒献 隶人、巾、车、量人、获者					乘失			命彻									

射箭比赛中的卿马,并非任职于诸侯的卿爵司马。在大射礼中,司马是由土担任的,司马正之佐叫作司马师。而服务于大射的司马非一人,其长叫作司马正。

续表3

大射第七

		二、大射															三、射毕燕饮							
		(二)第二番射									(三)第三番射													
		24.三耦拾取矢于福	25.三耦再射释获者	26.君子宾耦射	27.公卿大夫及耦皆射	28.乏取矢	29.数左右获多寡少	30.饮不胜者	31.献不胜者	32.献释获者	33.将以乐射射者取矢	34.以乐节射	35.乐射后数获	36.乐射后取不胜者	37.乐射后取矢	38.三番射竟退诸射器将以燕礼	39.为大夫旅酬	40.彻俎安坐	41.主人献士及旅食	42.宾举觯为士旅酬	43.坐燕时或复射	44.主人献庶子等献礼之终也	45.燕末尽欢	46.宾出公入
大史		承命、告史、执算计数			释获、告公、释余算		释获、告笋于公					释获、告笋射	释获、告公			彻中、笋								
大史	大史是左史，在史官系统中侧重于记录诸侯之行事。胡匡衷经过考证后，认为任职于诸侯的大射礼中的释获者(即计算筹获者)。大史还相任大射礼中的释获者																							
小史	承命告获者																							
小史	小史是大史的属官，胡匡衷认为，诸侯之小史"当下士为之"。小史还担任大射礼中的释获者(即大史)的副手																							
获者						去侯负后去侯			受酒祭		执旌负侯					执旌、脯醢、俎彻								
获者	服不、大侯(大射三个箭靶中最尊者)的获者，胡匡衷认为其由士旅食担任。详见《仪礼释官》卷三																							
矢人				受矢																				
矢人	矢人是"纳射器之有司"。胡匡衷表认为诸侯之弓人亦当以士为之。据《大射》记载，矢人负责收纳射礼所用的箭矢																							

续表 4

大射第七

	二、大射															三、射毕燕饮							
	(二) 第二番射							(三) 第三番射															
	24. 三耦拾取矢予福	25. 三耦再射释获	26. 君子宾耦射	27. 公卿大夫及众耦皆射	28. 射讫取矢	29. 数左右获算多少	30. 饮不胜者	31. 献获者	32. 献释获者	33. 将乐射以乐者取	34. 以乐节射	35. 乐射后取矢数获	36. 乐射后饮不胜者	37. 乐射后取矢	38. 三番射毕诸射器将坐燕以终礼	39. 为大夫举旅酬	40. 彻俎安坐	41. 主人献士及旅食	42. 宾举爵为士旅酬	43. 坐燕时或复射	44. 主人献庶子等献礼之终也	45. 燕末尽欢	46. 宾出公入
宰夫																					献庶子、左右正、内小臣		
宰胥	宰胥,亦称"胥",胡匡衷经过考证后认为宰胥的身份是胥人在官者,宰胥负责在食礼中进荐干肉利肉酱																						
膳宰	膳宰就是"掌君饮食膳羞者也"。贾公彦认为膳宰的地位"单与宰夫"。胡匡衷认为其当以中士为之,相当于《周礼》中的膳夫																	洗爵,献士,士旅食			受酒		
庶子								设折俎		承命,命大师							庶子正倒公俎						
大乐正	胡匡衷认为,其应当由下大夫担任,主要负责音乐的演奏,小乐正为其佐。详见《仪礼释官》卷三																				受酒	执烛	
小乐正	小乐正,为乐工之长,胡匡衷认为,"小乐正当上士"																						

大射第七

	二、大射															三、射毕燕饮							
	(二)第二番射								(三)第三番射														
	24.三耦拾取矢于福	25.三耦再射释获	26.君子宾耦射	27.公卿大夫及众耦皆射	28.射讫取矢	29.数左右获算多少	30.饮不胜者	31.献获者	32.献释获者	33.将乐射者取矢	34.以乐节射	35.乐射取矢数获	36.乐射后饮不胜者	37.乐射后拾取矢	38.三番射竟退诸射器将坐燕以终礼	39.为大夫举旅酬	40.彻俎安坐	41.主人献士及旅食	42.宾媵爵为士旅酬	43.坐燕时或复射	44.主人献庶子等献礼之终也	45.燕末尽欢	46.宾出公入
大师											承命											奏乐	
少师											奏乐											奏乐	
上工											奏乐											奏乐	
磬人											奏乐											奏乐	
镈人											奏乐											奏乐	
鼗人											奏乐											奏乐	
钟人																						奏乐	
乐人从者																							
钟人从者																							受脯

注:
- 大师:工,是乐人的通称。《仪礼》中的由士担任的乐工主要有大师、少师。胡匡衷认为,任职于诸侯的大师应以士为之
- 少师:大师之佐是少师。胡匡衷认为,诸侯之少师当以中士为之,其职责也是演唱或演奏音乐
- 上工:上工,相当于《周礼》中的上瞽,地位卑于大师与少师
- 乐人从者:任职于诸侯,身份不详,负责悬挂乐器。详见《仪礼释官》卷二

130 新编仪礼图之方位图：嘉礼卷（下）

续表 6

	大射第七																							
	二、大射																三、射毕燕饮							
	(一)第一番射			(二)第二番射							(三)第三番射											
	24.三耦拾取矢福	25.三耦再射释获	26.君子宾耦射	27.公卿大夫及众耦皆射	28.射讫取矢	29.数左右获算多少	30.饮不胜者	31.献获者	32.献释获者	33.将以乐射者取矢	34.以乐节射	35.乐射后取矢获数	36.乐射后饮不胜者	37.乐射后拾取矢	38.三番射竟退诸将器坐燕以终礼	39.为大夫举旅酬	40.彻俎安坐	41.主人献士及旅食	42.宾举爵为士旅酬	43.坐燕时或复射	44.主人献庶子等献礼之终也	45.燕末尽欢	46.宾出公入
仆人正											受酒												
仆人师							洗爵酌酒授宾诸公卿大夫.受空爵																
仆人士										取矢委福宾矢则授与矢人													
小臣																					取矢委福		

仆人正：仆人并非一人。仆人正，即仆人之长，仆人师是仆人正的佐官

仆人师：仆人正的属官，胡匡衷认为其由上旅食者担任，主要负责担任上工的相者。详见《仪礼释官》卷三

仆人士：

小臣：小臣，是"君之近臣"。小臣的主要职责随侍诸侯"正君服位"。小臣正为小臣之长，负责协助国君脱穿礼服。小臣师为小臣正之佐，与小射正一起联事，授与国君射器

大射 第七

	二、大射															三、射毕燕饮							
	(二) 第二番射								(三) 第三番射														
	24.三耦拾取矢于福	25.三耦再射释获	26.君子宾射	27.公卿大夫众耦皆射	28.射讫取矢	29.数左右获算多少	30.饮不胜者	31.献获者	32.献释获者	33.将以乐射射者取矢	34.以乐节射	35.乐后取矢数获	36.乐后饮不胜者	37.乐后拾取矢	38.三番竟退射箭将坐燕礼	39.为大夫举旅酬	40.彻俎安坐	41.主人献士及旅食	42.宾媵爵为士旅酬	43.坐燕时或复射	44.主人献庶子等献礼之终也	45.燕末尽欢	46.宾出公入
小臣正							辞宾降拜												辞宾降拜			代君辞	
小臣师		授矢																受酒					执烛
司宫							司宫士设丰	设尊			授公矢		司宫士设丰		彻幂								
工人	任职于诸侯的工匠，胡匡衷认为其应当由士旅食者担任，大射礼中负责标示射手射箭时所站立的位置。详见《仪礼释官》卷三																						
士	任职于诸侯的工匠，胡匡衷认为其应当由士旅食者担任，大射礼中负责标示射手射箭时所站立的位置。详见《仪礼释官》卷三																						
梓人																解纲							
巾车	巾车就是车马官。胡匡衷认为诸侯之巾车由上士担任，并兼有《周礼》中的巾车与车仆之职															解纲							
量人	任职于诸侯的工匠，胡匡衷认为其应当由士旅食者担任，大射礼中负责量侯道与所设乏，张三侯，射毕解侯																						
阍人	任职于诸侯的工匠，胡匡衷认为其应当由士旅食者担任，礼仪中主要负责执烛照明。详见《仪礼释官》卷二																						执烛

续表8

大射第七

	二、大射															三、射毕燕饮							
	(二)第二番射								(三)第三番射														
	24.三耦拾取矢于楅	25.三耦再射释获	26.君子宾耦射	27.公卿大夫众耦皆射	28.射讫取矢	29.数左右获算多少	30.饮不胜者	31.献获者	32.献释获者	33.将以乐射射者取矢	34.以乐节射	35.乐射后取矢数获	36.乐射后饮不胜者	37.乐射后拾取矢	38.三番射竞退诸器坐燕以终礼	39.为大夫举旅酬	40.彻俎安坐	41.主人献士及旅食	42.宾举爵为士旅酬	43.坐燕时或复射	44.主人献庶子等献礼之终也	45.燕末尽欢	46.宾出公入
甸人																							执烛
祝史	任职于诸侯,胡匡衷认为由士旅担任,礼仪中主要负责执烛照明。详见《仪礼释官》卷二																						
土旅食																		受酒					
执幂者																		受酒				启幂 覆幂	
媵爵者																						酌酒酬公	
执膳爵者																							
执散爵者																						酌酒献受酬者	
有司	受矢								宰夫有司荐脯醢 进脯醢,设折俎					受矢			羞	进脯				

大　射　133

续表 9

大射第七

	二、大射										三、射毕燕饮							
			(二)第二番射							(三)第三番射								
	24.三耦取矢于福	25.三耦再射释获	26.君子宾耦射	27.公卿大夫及众耦皆射	28.射讫取矢	29.数左右获算多少	30.饮不胜者	31.献获者	32.献释获者	33.将以乐射者取矢	34.以乐节射	35.乐射后取矢数获获	36.乐射后饮不胜者	37.乐射后拾取矢	38.三番射竟诸射器将燕以终礼	39.为大夫举旅酬	40.彻俎安坐	41.主人献士及旅食	42.宾举觯为士旅酬	43.坐燕时或复射	44.主人献庶子等献礼之终也	45.燕末尽欢	46.宾出公入
隶仆人		埽侯道																					
内小臣	任职于诸侯，胡匡衷认为其应当由士旅食者担任，大射礼中负责打扫侯道。详见《仪礼释官》卷三																						
诸公卿从者																	受俎				受酒		
附注	1036—1039		1039			1039—1040	1040	1040—1041	1041		1041—1042	1042						1042—1043	1043			1043—1044	1044

大射所涉礼例一览表

		大射第七						
		通例上第一	通例下第二	饮食之例上第三	饮食之例中第四	饮食之例下第五	射例第七	杂例第十三
一、射前准备与燕礼	1. 戒百官		2-8				7-20	
	2. 前射三日戒宰视涤量道张侯						7-20	
	3. 射前一日设乐县						7-20	
	4. 射日陈燕具席位		2-14 2-16 2-18 2-19 2-21			5-12 5-13 5-15 5-16	7-20	
	5. 命宾纳宾	1-2 1-4 1-6 1-7 1-8 1-14 1-17	2-6 2-13		4-20		7-20	
	6. 主人献宾	1-6 1-7 1-8 1-14 1-17	2-6 2-7 2-9 2-10 2-11 2-12 2-13	3-1 3-6 3-7 3-8 3-9 3-10 3-11 3-13 3-14	4-10 4-11 4-18 4-20	5-5 5-6 5-7 5-8 5-9	7-20	
	7. 宾酢主人	1-6 1-7 1-8 1-14 1-17	2-6 2-7 2-9 2-10 2-11 2-12 2-13	3-2 3-7 3-10 3-11 3-12 3-14	4-10 4-11 4-18 4-20	5-5 5-6 5-7 5-8 5-9	7-20	

续表 1

		大射第七						
		通例上第一	通例下第二	饮食之例上第三	饮食之例中第四	饮食之例下第五	射例第七	杂例第十三
一、射前准备与燕礼	8. 主人献公	1-7 1-8 1-9 1-10 1-14	2-6 2-10 2-12	3-1 3-6 3-7 3-10 3-11 3-14	4-10 4-11 4-18 4-20	5-5 5-6 5-7 5-8 5-9 5-11	7-20	13-9
	9. 主人受公酢	1-7 1-9 1-10 1-14	2-6	3-2 3-10 3-11 3-12 3-14	4-10 4-11 4-18 4-20	5-5 5-6 5-7 5-8 5-9 5-11	7-20	13-9
	10. 主人酬宾	1-7 1-8 1-14 1-17	2-6 2-7 2-9 2-10 2-11 2-12 2-13	3-3 3-10 3-11 3-14 3-15 3-16 3-17	4-10 4-11 4-18 4-20	5-5 5-6 5-7 5-8 5-9 5-11	7-20	
	11. 二人媵觯将为宾举旅酬	1-7 1-8 1-9 1-10 1-14	2-6 2-10	3-4 3-10 3-11 3-14	4-1 4-2 4-3 4-4 4-5 4-10 4-11 4-18 4-20	5-5 5-6 5-7 5-8 5-9	7-20	
	12. 公取媵觯酬宾遂旅酬	1-7 1-8 1-9 1-10 1-14	2-6	3-4 3-10 3-11 3-14	4-1 4-2 4-3 4-4 4-5 4-10 4-11 4-18 4-20	5-5 5-6 5-7 5-8 5-9	7-20	13-9

续表2

		大射第七						
		通例上第一	通例下第二	饮食之例上第三	饮食之例中第四	饮食之例下第五	射例第七	杂例第十三
一、射前准备与燕礼	13. 主人献卿	1–7 1–8 1–14	2–6 2–7 2–9 2–13 2–21	3–1 3–6 3–10 3–11 3–14	4–10 4–11 4–18 4–20	5–5 5–6 5–7 5–8 5–9	7–20	
	14. 二人再媵觯	1–7	2–6	3–10 3–11 3–14	4–10 4–11 4–18 4–20	5–5 5–6 5–7 5–8 5–9	7–20	
	15. 公又行一觯为卿举旅	1–7 1–8 1–9 1–10 1–14	2–6 2–7	3–4 3–10 3–11 3–14	4–1 4–2 4–3 4–4 4–5 4–10 4–11 4–18 4–20	5–5 5–6 5–7 5–8 5–9	7–20	13–9
	16. 主人献大夫	1–7 1–8 1–14	2–6 2–7 2–9	3–1 3–6 3–7 3–10 3–11 3–14	4–10 4–11 4–18 4–20	5–5 5–6 5–7 5–8 5–9	7–20	
	17. 作乐娱宾射前燕礼备	1–7 1–8 1–14	2–2 2–6 2–21	3–18	4–20		7–20	13–14 13–15

续表3

			大射第七						
			通例上第一	通例下第二	饮食之例上第三	饮食之例中第四	饮食之例下第五	射例第七	杂例第十三
二、大射	（一）第一番射	18.将射立司正安宾察仪	1-7	2-6 2-7				7-1 7-2 7-13 7-20	
		19.请射纳射器比耦	1-7					7-1 7-2 7-13 7-18 7-20	
		20.司射诱射	1-7 1-17					7-1 7-2 7-3 7-4 7-5 7-13 7-18 7-20	
		21.三耦射	1-7 1-17					7-1 7-2 7-3 7-4 7-5 7-13 7-18 7-19 7-20	
		22.三耦射后取矢	1-7					7-1 7-2 7-11 7-13 7-17 7-19 7-20	

续表4

		大射第七						
			通例上第一	通例下第二	饮食之例上第三	饮食之例中第四	饮食之例下第五	射例第七	杂例第十三
二、大射	(二)第二番射	23. 将射命耦	1–7					7–1 7–2 7–11 7–13 7–18 7–20	
		24. 三耦拾取矢于楅	1–7 1–17					7–1 7–2 7–6 7–7 7–8 7–11 7–13 7–18 7–20	
		25. 三耦再射释获	1–7 1–17					7–1 7–2 7–3 7–4 7–5 7–11 7–12 7–13 7–18 7–19 7–20	
		26. 君于宾耦射	1–6 1–7	2–9				7–1 7–2 7–3 7–4 7–5 7–11 7–12 7–13 7–18 7–19 7–20	

续表5

		大射第七						
		通例上第一	通例下第二	饮食之例上第三	饮食之例中第四	饮食之例下第五	射例第七	杂例第十三
二、大射	（二）第二番射							
	27.公卿大夫及众耦皆射	1-7 1-17					7-1 7-2 7-3 7-4 7-5 7-11 7-12 7-13 7-15 7-20	
	28.射讫取矢	1-7					7-1 7-2 7-6 7-7 7-8 7-11 7-12 7-13 7-17 7-19 7-20	
	29.数左右获算多少						7-1 7-2 7-11 7-12 7-13 7-18 7-20	
	30.饮不胜者	1-7 1-8 1-9 1-10 1-14 1-17	2-9 2-13	3-10 3-14	4-10 4-11 4-18	5-5 5-6 5-7 5-8 5-9	7-1 7-2 7-9 7-10 7-11 7-12 7-13 7-14 7-16 7-18 7-20	13-9

续表 6

		大射第七						
		通例上第一	通例下第二	饮食之例上第三	饮食之例中第四	饮食之例下第五	射例第七	杂例第十三
二、大射	（三）第三番射							
		1-8 1-14 1-17		3-1 3-6 3-10 3-11 3-14 3-18	4-10 4-11 4-18	5-5 5-6 5-7 5-8 5-9	7-1 7-2 7-11 7-12 7-13 7-19 7-20	
		31. 献获者						
		1-7 1-8 1-14 1-17		3-1 3-6 3-10 3-11 3-14 3-18	4-10 4-11 4-18	5-5 5-6 5-7 5-8 5-9	7-1 7-2 7-11 7-12 7-13 7-18 7-20	
		32. 献释获者						
		1-7 1-17					7-1 7-2 7-6 7-7 7-8 7-11 7-12 7-13 7-18 7-20	
		33. 将以乐射射者取矢						
		1-7 1-17					7-1 7-2 7-3 7-4 7-5 7-11 7-12 7-13 7-18 7-19 7-20	13-14 13-15
		34. 以乐节射						

续表 7

		大射第七						
		通例上第一	通例下第二	饮食之例上第三	饮食之例中第四	饮食之例下第五	射例第七	杂例第十三
二、大射	（三）第三番射							
	35. 乐射后取矢数获	1–7					7–1 7–2 7–11 7–12 7–13 7–18 7–19 7–20	
	36. 乐射后饮不胜者			3–10 3–11 3–14	4–10 4–11 4–18		7–1 7–2 7–9 7–10 7–11 7–12 7–13 7–14 7–18 7–20	
	37. 乐射后拾取矢	1–7					7–1 7–2 7–6 7–7 7–8 7–11 7–12 7–13 7–18 7–20	
	38. 三番射竟退诸射器将坐燕以终礼						7–11 7–12 7–13 7–18 7–19 7–20	

续表8

		大射第七						
		通例上第一	通例下第二	饮食之例上第三	饮食之例中第四	饮食之例下第五	射例第七	杂例第十三
三、射毕燕饮	39.为大夫举旅酬	1–7		3–4 3–10 3–11 3–14	4–1 4–2 4–3 4–4 4–5 4–10 4–11 4–18 4–20	5–5 5–6 5–7 5–8 5–9	7–20	
	40.彻俎安坐	1–7	2–2 2–9		4–10 4–11 4–18 4–20		7–19 7–20	
	41.主人献士及旅食	1–7	2–7	3–1 3–6 3–7 3–10 3–11 3–14	4–10 4–11 4–18 4–20	5–5 5–6 5–7 5–8 5–9	7–20	
	42.宾举爵为士旅酬	1–7 1–8 1–9 1–10 1–14	2–7 2–9 2–13	3–4 3–10 3–11 3–14	4–1 4–2 4–3 4–4 4–5 4–10 4–11 4–18 4–20	5–5 5–6 5–7 5–8 5–9	7–20	
	43.坐燕时或复射	1–7 1–8 1–9 1–10 1–14		3–10 3–11 3–14	4–10 4–11 4–18 4–20		7–18 7–20	13–9

续表9

		大射第七						
		通例上第一	通例下第二	饮食之例上第三	饮食之例中第四	饮食之例下第五	射例第七	杂例第十三
三、射毕燕饮	44.主人献庶子等献礼之终也	1-7 1-8 1-9 1-10 1-14	2-7	3-1 3-6 3-7 3-10 3-11 3-14	4-10 4-11 4-18 4-20 。	5-5 5-6 5-7 5-8 5-9	7-20	
	45.燕末尽欢	1-7	2-7	3-5 3-10 3-11 3-14	4-1 4-6 4-7 4-8 4-9 4-10 4-11 4-18 4-20	5-5 5-6 5-7 5-8 5-9	7-20	13-9 13-14 13-15
	46.宾出公入	1-19			4-20		7-20	

[注释]

[1-2]凡君与臣行礼皆不迎。

[1-4]凡以臣礼见者，则入门右。

[1-6]凡升阶皆让，宾主敌者俱升，不敌者不俱升。

[1-7]凡升阶皆连步，唯公所辞则栗阶。

[1-8]凡门外之拜皆东西面，堂上之拜皆北面。

[1-9]凡室中、房中拜以西面为敬，堂下拜以北面为敬。

[1-10]凡臣与君行礼，皆堂下再拜稽首，异国之君亦如之。

[1-11]凡君待以客礼，下拜则辞之，然后升成拜。

[1-14]凡丈夫之拜坐，妇人之拜兴；丈夫之拜奠爵，妇人之拜执爵。

[1-17]凡推手曰揖，引手曰厌。

[1-19]凡君与臣行礼皆不送。

[2-2]凡授受之礼，相乡者谓之讶授受。

［2-6］凡佐礼者，在主人曰摈，在客曰介。

［2-7］凡宾、主人礼，盛者专阶，不盛者不专阶。

［2-8］凡戒宾、宿宾，宿者必先戒，礼杀者则不宿。

［2-9］凡宾升席自西方，主人升席自北方。

［2-10］凡礼盛者必先盥。

［2-11］凡降洗、降盥，皆壹揖、壹让，升。

［2-12］凡宾、主人敌者，降则皆降。

［2-13］凡一辞而许曰礼辞，再辞而许曰固辞，三辞不许曰终辞。

［2-14］凡庭洗设于阼阶东南，南北以堂深，天子、诸侯当东溜，卿、大夫、士当东荣，水在洗东。

［2-16］凡设尊，宾、主人敌者于房户之间，君臣则于东楹之西，并两壶，有玄酒，有禁。

［2-18］凡堂上之篚，在尊南，东肆。

［2-19］凡堂下之篚，在洗西，南肆。

［2-21］凡设席，南乡北乡，于神则西上，于人则东上；东乡西乡，于神则南上，于人则北上。

［3-1］凡主人进宾之酒谓之献。

［3-2］凡宾报主人之酒谓之酢。

［3-3］凡主人先饮以劝宾之酒谓之酬。

［3-4］凡正献既毕之酒谓之旅酬。

［3-5］凡旅酬既毕之酒之无算爵。

［3-6］凡献酒皆有荐，礼盛者则设俎。

［3-7］凡荐脯醢在升席先，设俎在升席后。

［3-8］凡献酒，礼盛者受爵于席前，拜与卒爵于阶上。

［3-9］凡献酒，礼盛者则啐酒，告旨。

［3-10］凡啐酒于席末，告旨则降席拜。

［3-11］凡献酒，礼盛者受爵、告旨、卒爵皆拜，酢主人；礼杀者不拜告旨；

又杀者，不酢主人。

[3-12] 凡酢如献礼，崇酒，不告旨；礼杀者，则以虚爵授之。

[3-13] 凡宾告旨在卒爵前，于席西拜；主人崇酒在卒爵后，于阶上拜。

[3-14] 凡礼盛者坐卒爵，礼杀者立卒爵。

[3-15] 凡酬酒，先自饮，复酌，奠而不授；举觯、媵爵亦如之。

[3-16] 凡酬酒奠而不举，礼杀者则用为旅酬、无算爵始。

[3-17] 凡酬酒不拜洗。

[3-18] 凡献工与笙于阶上，献获者与释获者于堂下，献祝与佐食于室中。

[4-1] 凡一人举觯为旅酬始，二人举觯为无算酬始。

[4-2] 凡旅酬皆以尊酬卑，谓之旅酬下为上。

[4-3] 凡旅酬，不及献酒者不与。

[4-4] 凡旅酬皆拜，不祭，立饮。

[4-5] 凡旅酬，不洗，不拜既爵。

[4-6] 凡无算酬，必先彻俎、降阶。

[4-7] 凡无算爵，皆说屦，升坐，乃羞。

[4-8] 凡无算爵，不拜，唯受爵于君者拜。

[4-9] 凡无算爵，堂上、堂下执事者皆与。

[4-10] 凡奠爵，将举者于右，不举者于左。

[4-11] 凡君之酒曰膳；臣之酒曰散。

[4-18] 凡食礼有豆无笾；饮酒之礼豆、笾皆有。

[4-20] 凡燕礼，使宰夫为主人；食礼，公自为主人。

[5-5] 凡执爵皆左手，祭荐皆右手。

[5-6] 凡祭荐者坐，祭俎者兴；祭荐者执爵，祭俎者奠爵。

[5-7] 凡祭荐不挩手；祭俎则挩手。

[5-8] 凡祭酒，礼盛者啐酒，不盛者不啐酒；祭肺，礼盛者嚌肺，不盛者不嚌肺。

[5-9] 凡祭皆于笾豆之间，或上豆之间。

[5-11] 凡饮酒，君臣不相袭爵，男女不相袭爵。

［5-12］凡脯醢谓之荐，出自东房。

［5-13］凡牲皆用右胖，唯变礼反吉用左胖。

［5-15］凡牲七体，谓之豚解。

［5-16］凡肺皆有二，一举肺，一祭肺。

［7-1］凡射皆三次，初射，三耦射，不释获；再射，三耦与众耦皆射；三射，以乐节射，皆释获，饮不胜者。

［7-2］凡再射、三射，皆先升射，次取矢加福，次数获，次饮不胜者，次拾取矢；唯初射不数获，不饮。

［7-3］凡射，未升堂之前三揖，曰耦进揖，曰当阶北面揖，曰及阶揖。

［7-4］凡射，既升堂之后三揖，曰升堂揖，曰当物北面揖，曰及物揖。

［7-5］凡射后，二揖，曰卒射揖，曰降阶与升射者相左交于阶前揖。

［7-6］凡拾取矢前，四揖，曰耦进揖，曰当福北面揖，曰及福揖，曰上射进坐揖。

［7-7］凡拾取矢，上射、下射各四揖；若兼取矢，则上射、下射各一揖。

［7-8］凡拾取矢后，四揖，曰既拾取矢揖，曰左还揖，曰北面搢三挟一个揖，曰既退与进者相左揖。

［7-9］凡饮不胜者，未升堂之前，三揖，曰耦进揖，曰当阶北面揖，曰及阶揖。

［7-10］凡饮不胜者，既饮之后，二揖，曰卒射揖，曰降阶与升饮者相左交于阶前揖。

［7-11］凡设福于中庭，南当洗，东肆。

［7-12］凡设中，南当福，西当西序，东面。

［7-13］凡有事于射则袒，无事于射则袭。

［7-14］凡饮不胜者，尊者不胜则卑者不升，卑者不胜则升堂特饮。

［7-15］凡公射，小射正赞决拾，小臣正赞袒，大射正授弓，小臣师授矢；卒射，小臣正赞袭。

［7-16］凡公不胜，饮公，则侍射者饮夹爵。

［7-17］凡大射，三耦拾取矢则司射命之；诸公卿大夫拾取矢则小射正佐之。

［7-18］凡射者之事及释获者之事，皆司射统之。

［7-19］凡获者之事，皆司马统之。

［7-20］凡乡射于序，大射于泽宫。

［13-9］凡《大射》饮公，略如宾媵爵于公之礼。

［13-14］凡乐，瑟在堂上；笙管钟磬鼓鼙之属在堂下。

［13-15］凡乐皆四节，初谓之升歌，次谓之笙奏，三谓之间歌，四谓之合乐。

大射所涉方位图一览表[1]

大射第七						
	杨复《仪礼图》	张惠言《仪礼图》	黄以周《礼书通故》	吴之英《寿栎庐仪礼奭固礼事图》	陈祥道《礼书》	姜兆锡《仪礼经传外编》
1. 戒百官						
2. 前射三日戒宰视涤量道张侯				张侯设乏 270		
3. 射前一日设乐县		馔具入位 1682	馔具入位（自此以下与燕礼大同）2149	宿县 270	堂上乐图 753 乐县图 754	大射乐县图 658
4. 射日陈燕具席位	大射礼图 104—105			设尊 271 设洗 271 设席 272		
一、射前准备与燕礼 5. 命宾纳宾						
6. 主人献宾						
7. 宾酢主人						
8. 主人献公						
9. 主人受公酢						
10. 主人酬宾						
11. 二人媵觯将为宾举旅酬						
12. 公取媵觯酬宾遂旅酬						
13. 主人献卿						
14. 二人再媵觯						

[1] 由于附表内容较为琐碎，故将其所涉礼图出处以数字的形式于表格中标示出来。如陈祥道《礼书》一列"堂上乐图 753"，指的是本图详见文渊阁版《四库全书》，上海古籍出版社，2002年，第130册，第753页。

续表1

		大射第七					
		杨复《仪礼图》	张惠言《仪礼图》	黄以周《礼书通故》	吴之英《寿栎庐仪礼奭固礼事图》	陈祥道《礼书》	姜兆锡《仪礼经传外编》
一、射前准备与燕礼	15. 公又行一觯为卿举旅						
	16. 主人献大夫						
	17. 作乐娱宾射前燕礼备		献工 1682	献工 2150	工降 272		
二、大射之第一番射	18. 将射立司正安宾察仪						
	19. 请射纳射器比耦		请射纳射器比三耦 1683	请射纳射器比三耦诱射 2151	司射命纳射器 273 画物 273 司射誓大史 274 司射比三耦 274		
	20. 司射诱射	司射诱射图 111	诱射命负侯 1683		司射诱射 275		
	21. 三耦射	上耦揖升司马命去侯司射命射图 112 上耦次耦升降相左图 112	三耦射 1684 告三耦卒射设楅 1684	三耦射 2152 告三耦卒射设楅 2153	司马正命去侯 275 司马正命设楅 276		
	22. 三耦射后取矢	三耦拾取矢进退相左图 114	请射三耦拾取矢 1685				
二、大射之第二番射	23. 将射命耦				司射比耦 276		
	24. 三耦拾取矢于楅			三耦拾取矢 2154	三耦拾取矢 277		
	25. 三耦再射释获	三耦再射释筭图 115	设中 1685		司射命设中 277		
	26. 君于宾耦射	公及宾射图 116	公射 1686		公射 278		
	27. 公卿大夫及众耦皆射						

续表 2

		大射第七					
		杨复《仪礼图》	张惠言《仪礼图》	黄以周《礼书通故》	吴之英《寿栎庐仪礼奭固礼事图》	陈祥道《礼书》	姜兆锡《仪礼经传外编》
二、大射之第二番射	28. 射讫取矢						
	29. 数左右获算多少			视筭饮射爵 1686			
	30. 饮不胜者	饮不胜者图 118			饮公射爵 278		
	31. 献获者	献服不及释获者图 120	献获者献释获者 1687	献获者献释获者命用乐 2156	献服不隶仆人巾车获者 279		
	32. 献释获者						
二、大射之第三番射	33. 将以乐射射者取矢				大夫与士耦拾取矢 279		
	34. 以乐节射				请乐公 280		
	35. 乐射后取矢数获		命用乐 1687				
	36. 乐射后饮不胜者						
	37. 乐射后拾取矢						
	38. 三番射竟退诸射器将坐燕以终礼						

公食大夫礼

公食大夫礼方位图

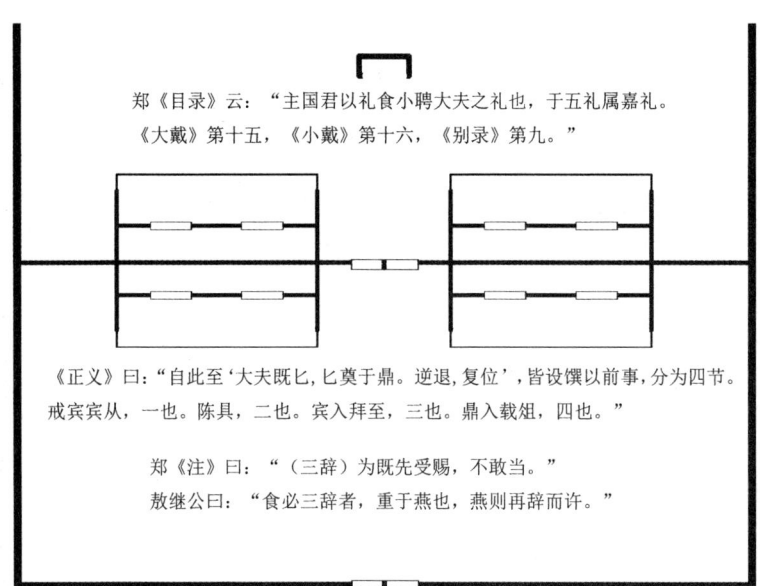

郑《目录》云："主国君以礼食小聘大夫之礼也，于五礼属嘉礼。《大戴》第十五，《小戴》第十六，《别录》第九。"

《正义》曰："自此至'大夫既匕，匕奠于鼎。逆退，复位'，皆设馔以前事，分为四节。戒宾宾从，一也。陈具，二也。宾入拜至，三也。鼎入载俎，四也。"

郑《注》曰："（三辞）为既先受赐，不敢当。"
敖继公曰："食必三辞者，重于燕也，燕则再辞而许。"

郑《注》曰："拜使者，屈辱来迎已。"
"不答拜，为人使也。将，犹致也。"

宾拜辱，再拜稽首

大夫不答拜，将命

上介出请入告

郑《注》曰："问所以来事。"

大夫还　宾从之

郑《注》曰："不拜送者，为从之，不终事。"

大夫戒宾

郑《注》曰："戒，犹告也。告之必使同班，敌者易以相亲敬。"
贾《疏》曰："自此尽'如聘'，论主君使大夫就馆，戒聘客使来行食礼之事。"

9-1-1 戒宾宾从图

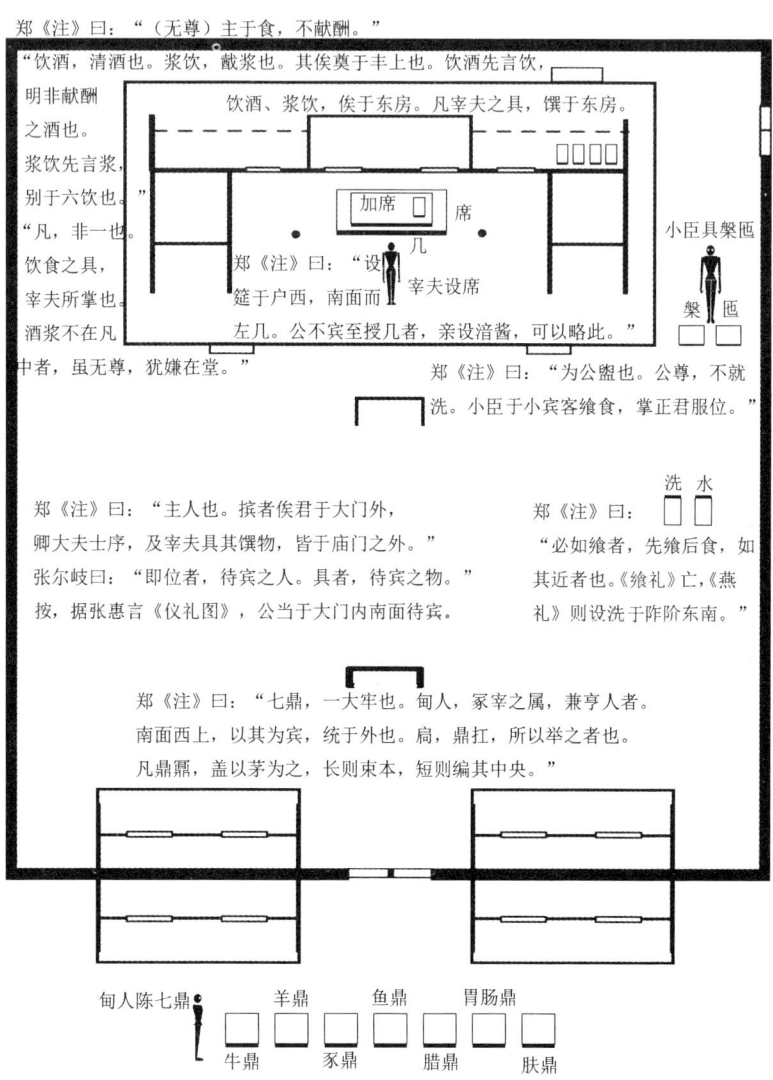

9-2-1 陈具图

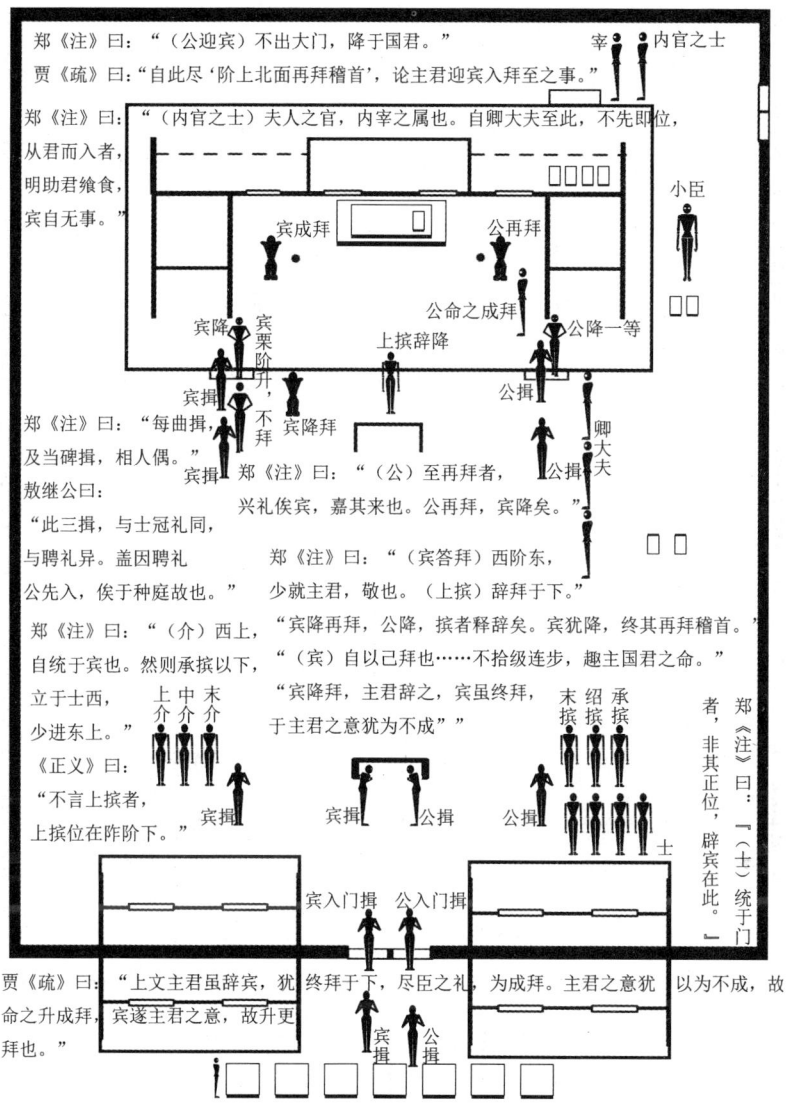

9-3-1 宾入拜至图

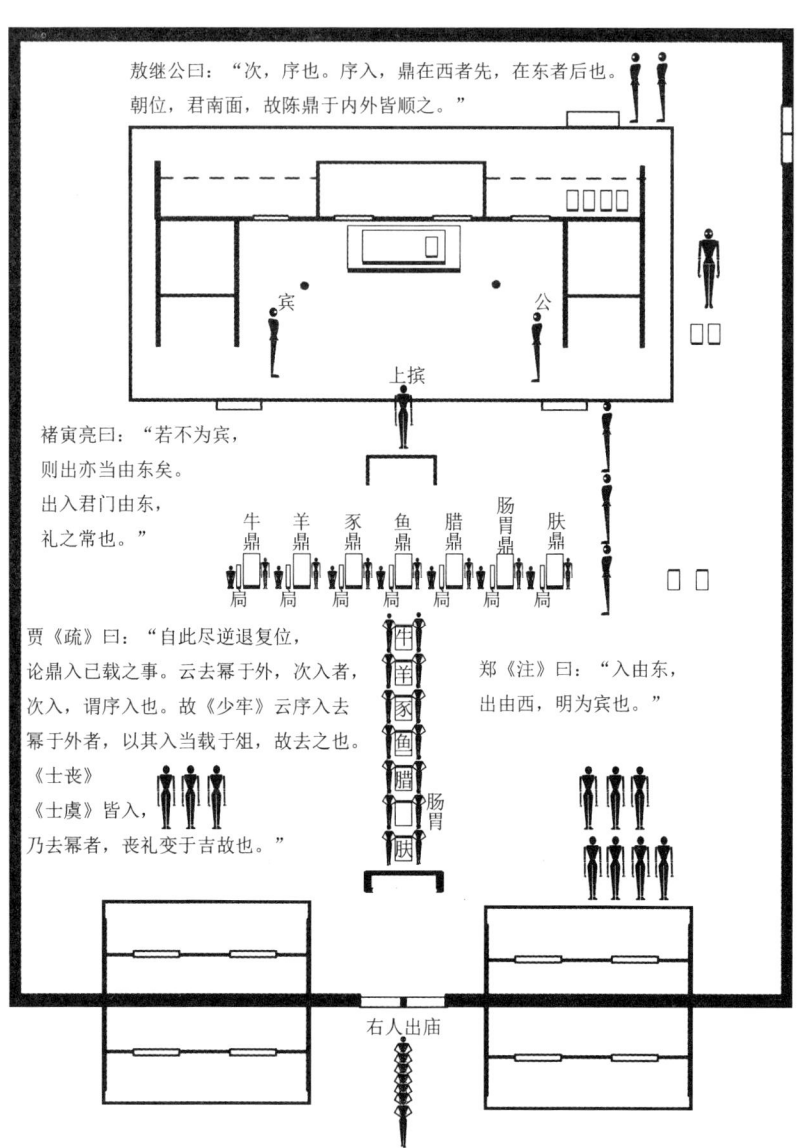

9-4-1 鼎入载俎图一

贾《疏》曰:"云'进盥,退者与进者交于前',郑云前谓洗南,但言前,不云北。《乡饮酒》《乡射》宾盥北面,则此大夫亦皆北面可知。云'长,以长幼也'者,若《燕礼》云'命长'之类,皆据长幼为长,不谓众中之长者也。"

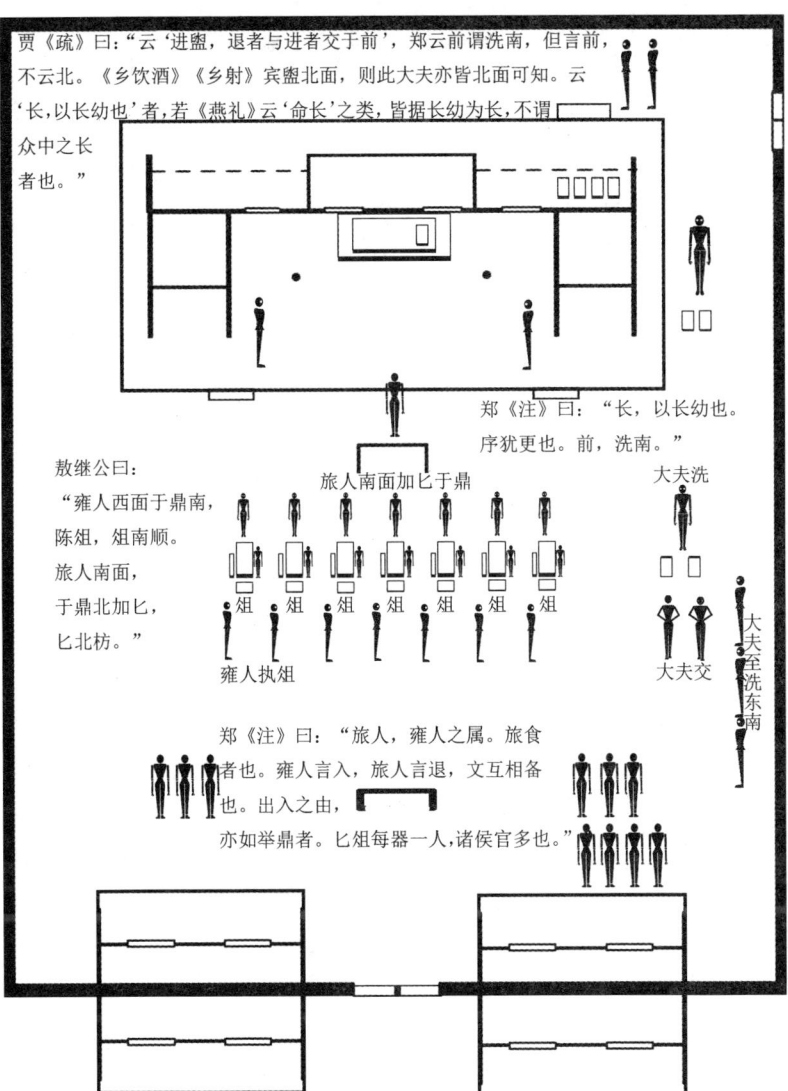

郑《注》曰:"长,以长幼也。序犹更也。前,洗南。"

敖继公曰:"雍人西面于鼎南,陈俎,俎南顺。旅人南面,于鼎北加匕,匕北枋。"

郑《注》曰:"旅人,雍人之属。旅食者也。雍人言入,旅人言退,文互相备也。出入之由,亦如举鼎者。匕俎每器一人,诸侯官多也。"

9-4-2 鼎入载俎图二

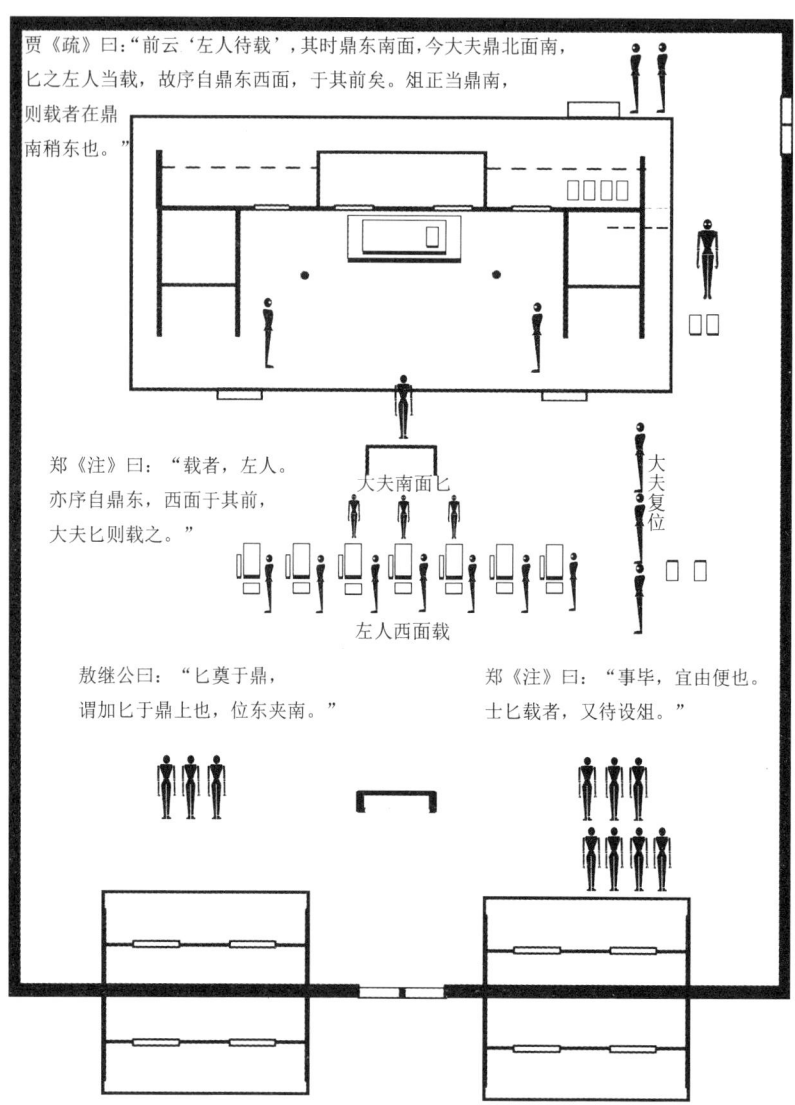

9-4-3 鼎入载俎图三

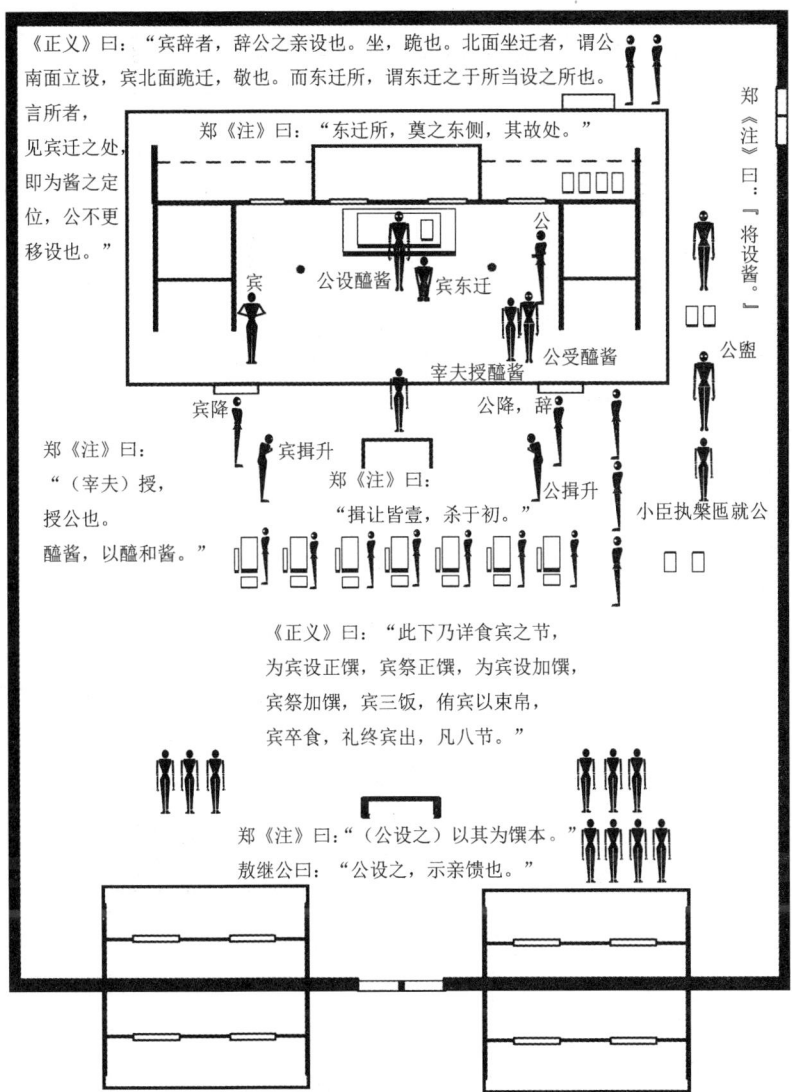

9-5-1 为宾设正馔图一

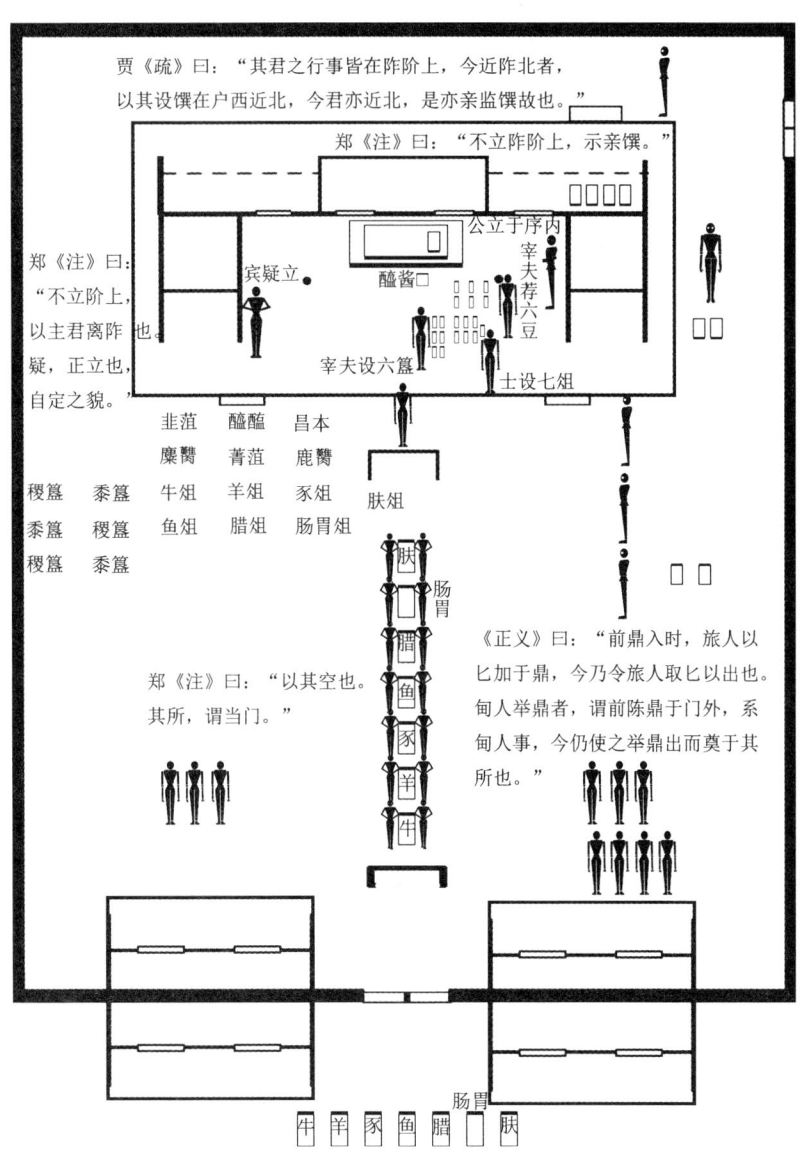

9-5-2 为宾设正馔图二

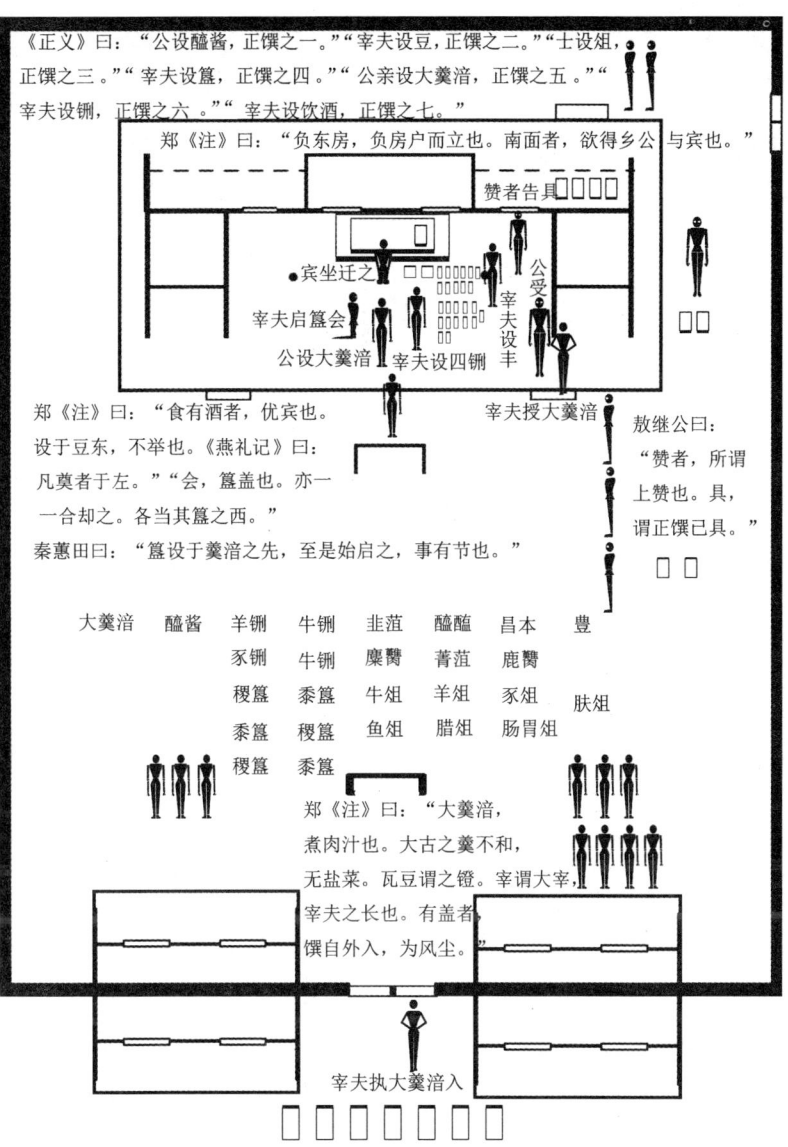

9-5-3 为宾设正馔图三

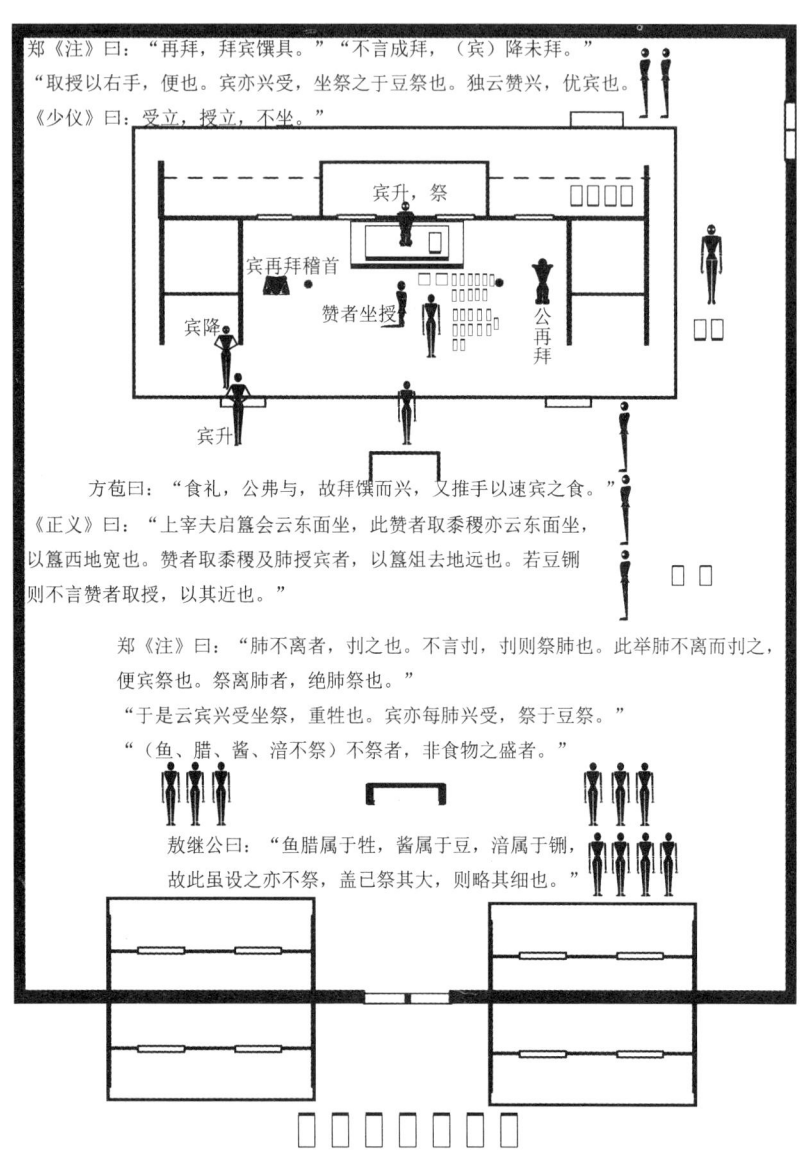

9-6-1　宾祭正馔图

郑《注》曰:"既告具矣,而又设此,殷勤之加也。迁之,迁而西之,以其东上也。"
贾《疏》曰:"自此尽'降出',论设加馔粱与庶羞之事。"蔡德晋曰:
"谷以粱为贵,故公亲设之。"李如圭曰:"东上统于正馔。"

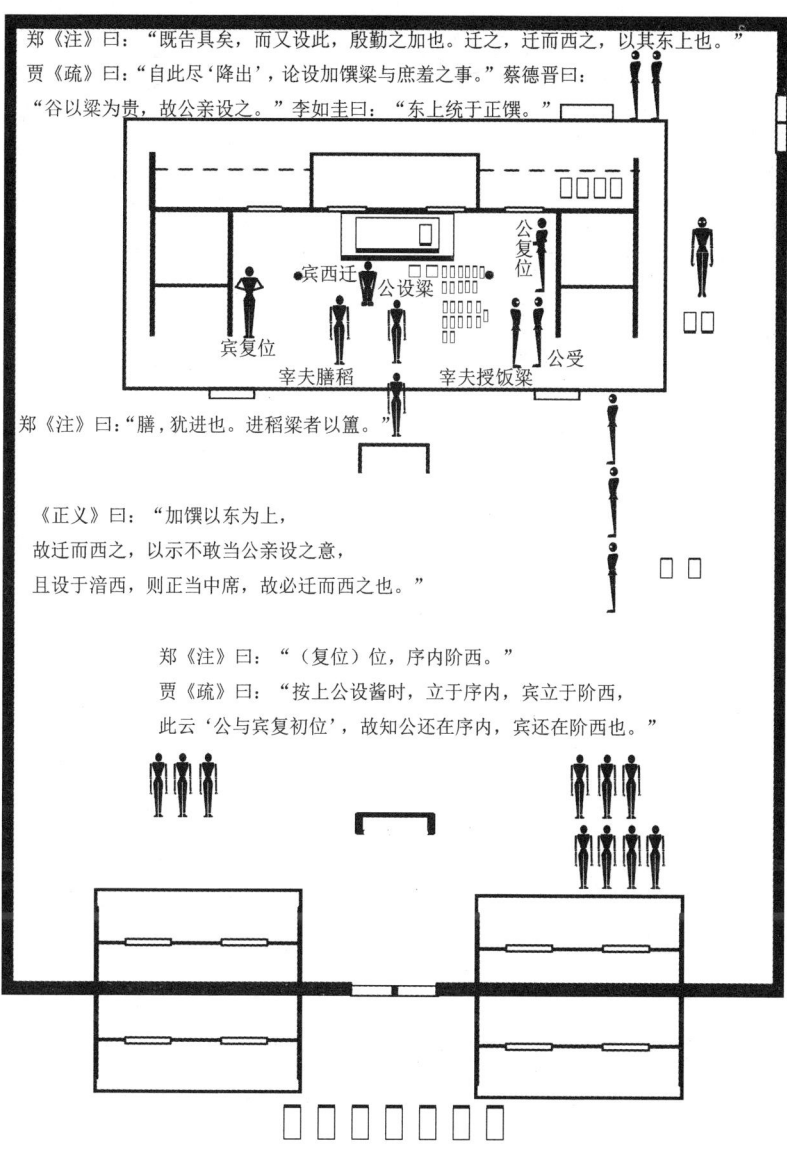

郑《注》曰:"膳,犹进也。进稻粱者以簠。"

《正义》曰:"加馔以东为上,
故迁而西之,以示不敢当公亲设之意,
且设于湆西,则正当中席,故必迁而西之也。"

郑《注》曰:"(复位)位,序内阶西。"
贾《疏》曰:"按上公设酱时,立于序内,宾立于阶西,
此云'公与宾复初位',故知公还在序内,宾还在阶西也。"

9-7-1 为宾设加馔图一

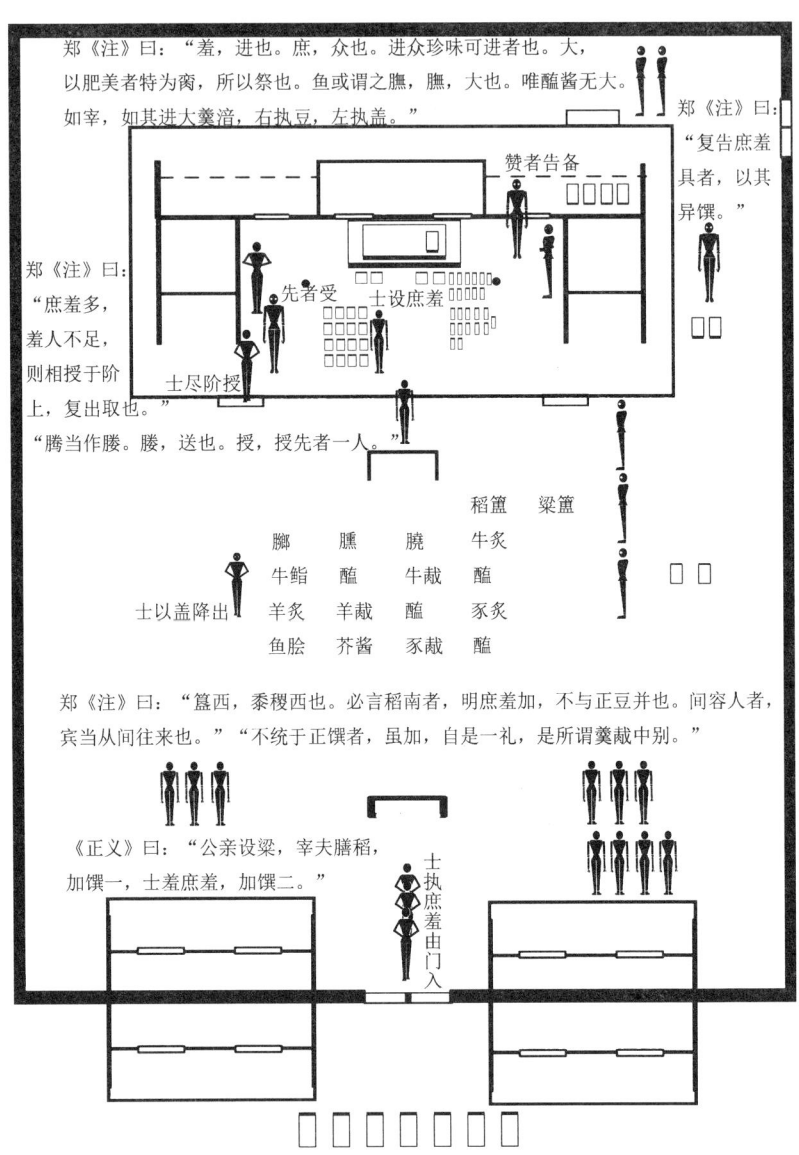

9-7-2 为宾设加馔图二

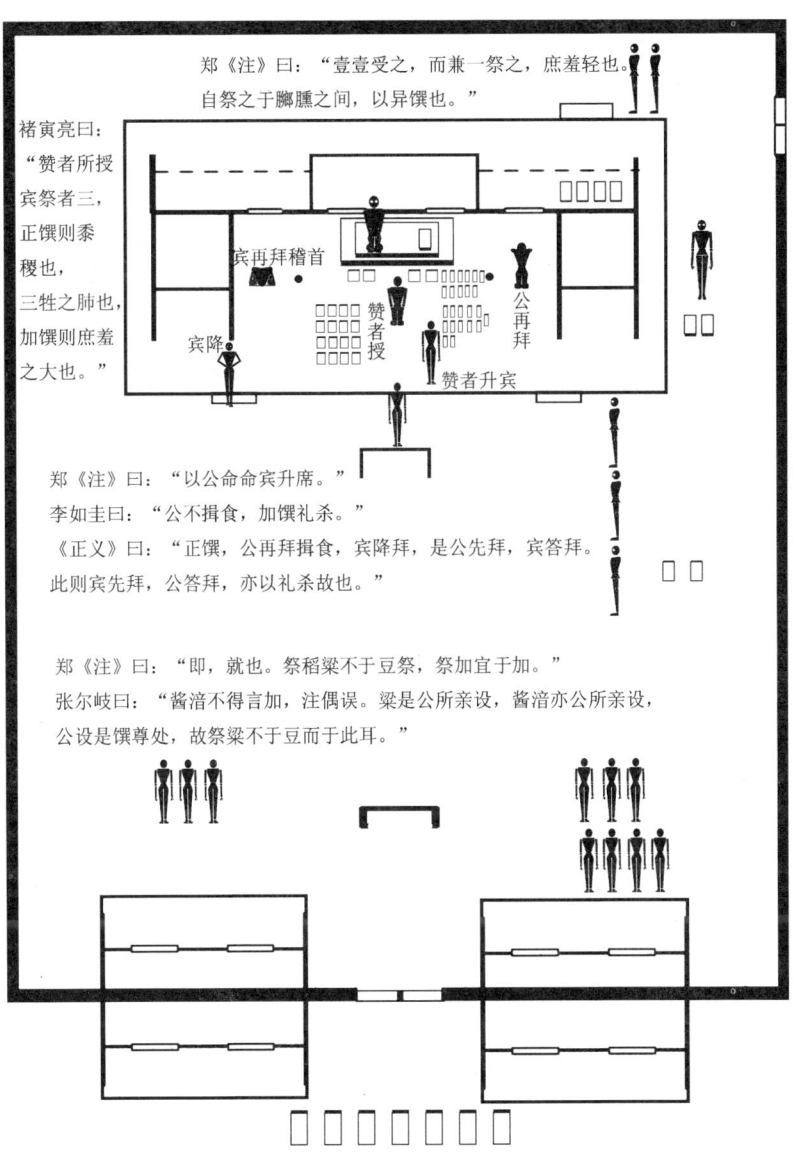

9-8-1 宾祭加馔图

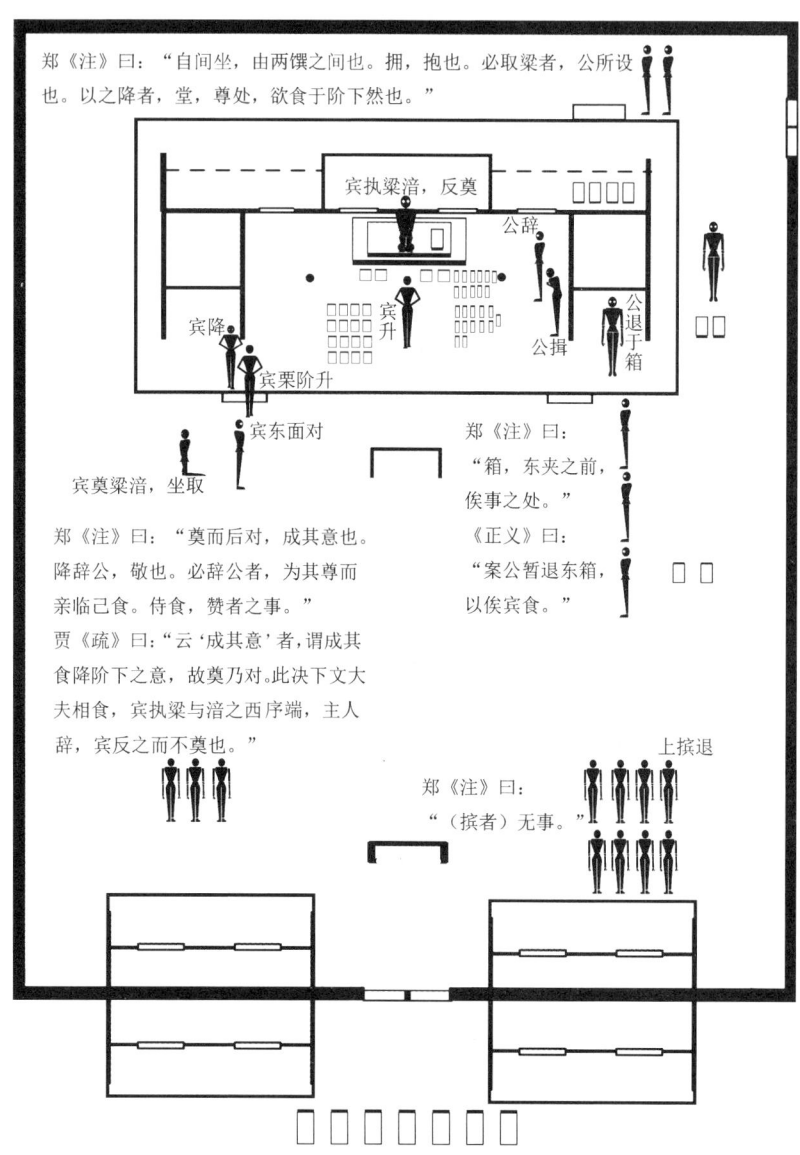

9-9-1 宾食馔三饭图一

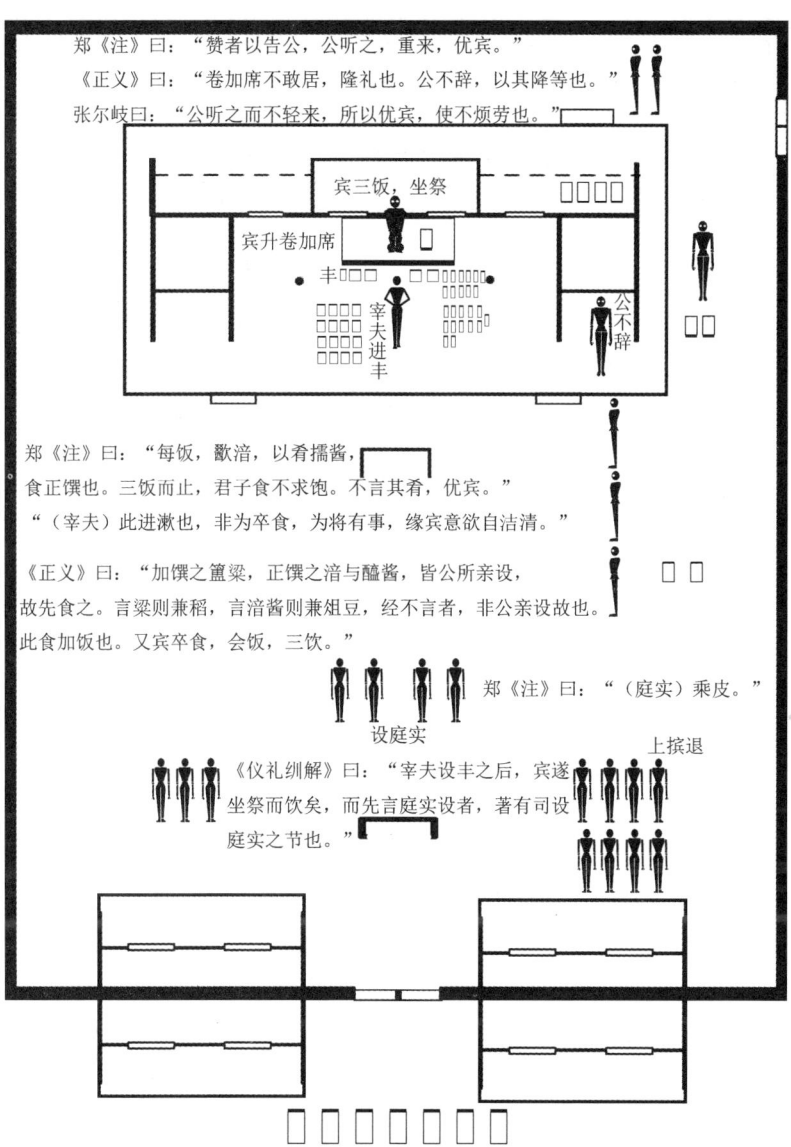

9-9-2　宾食馔三饭图二

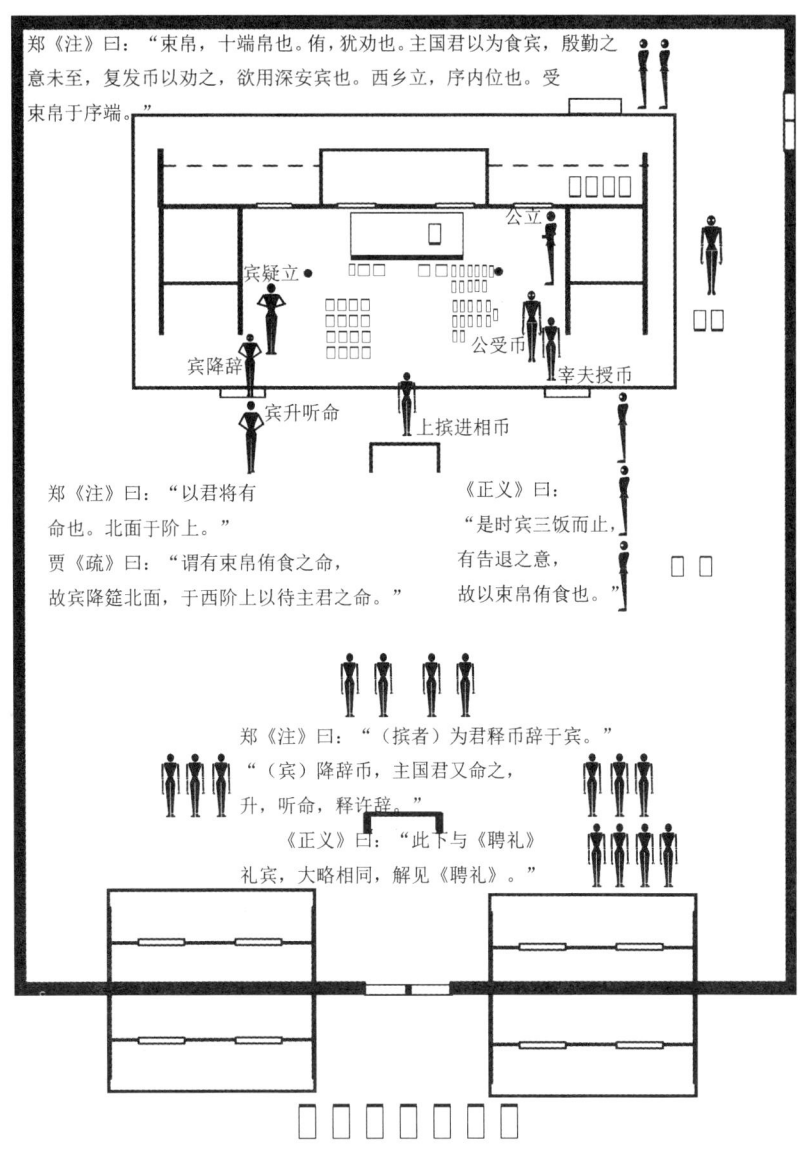

9-10-1　君以束帛侑宾图一

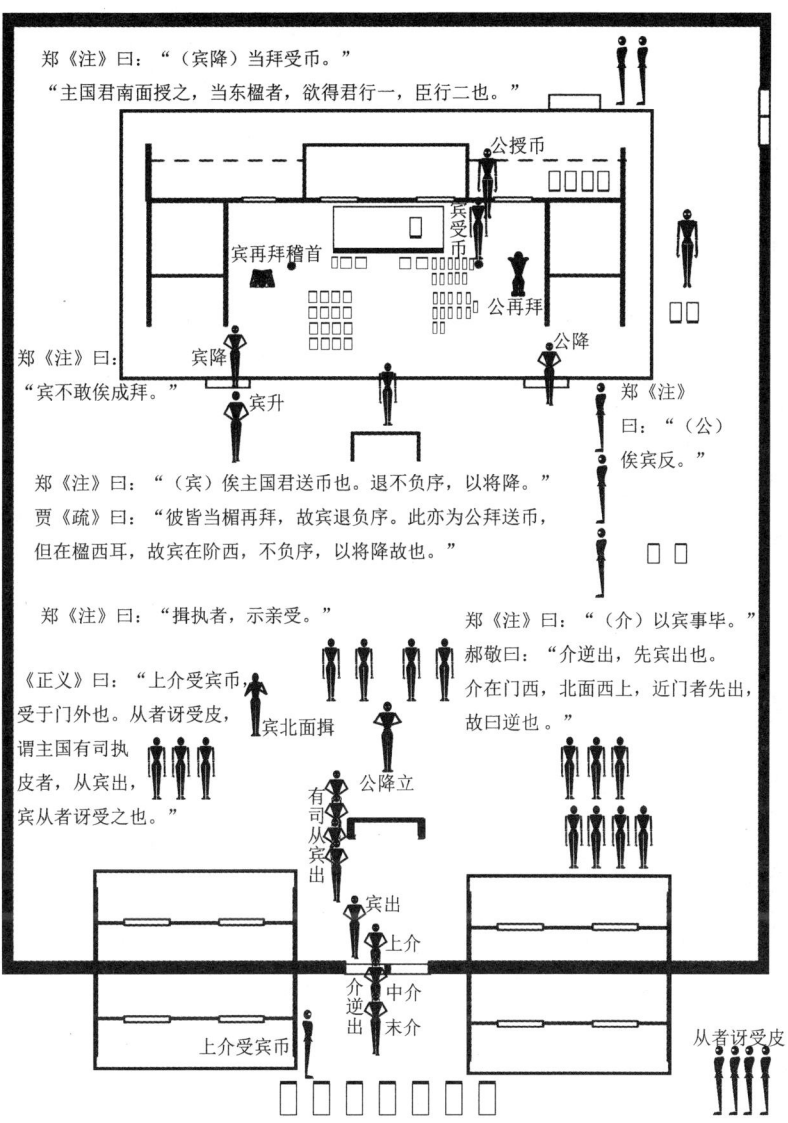

9-10-2　君以束帛侑賓圖二

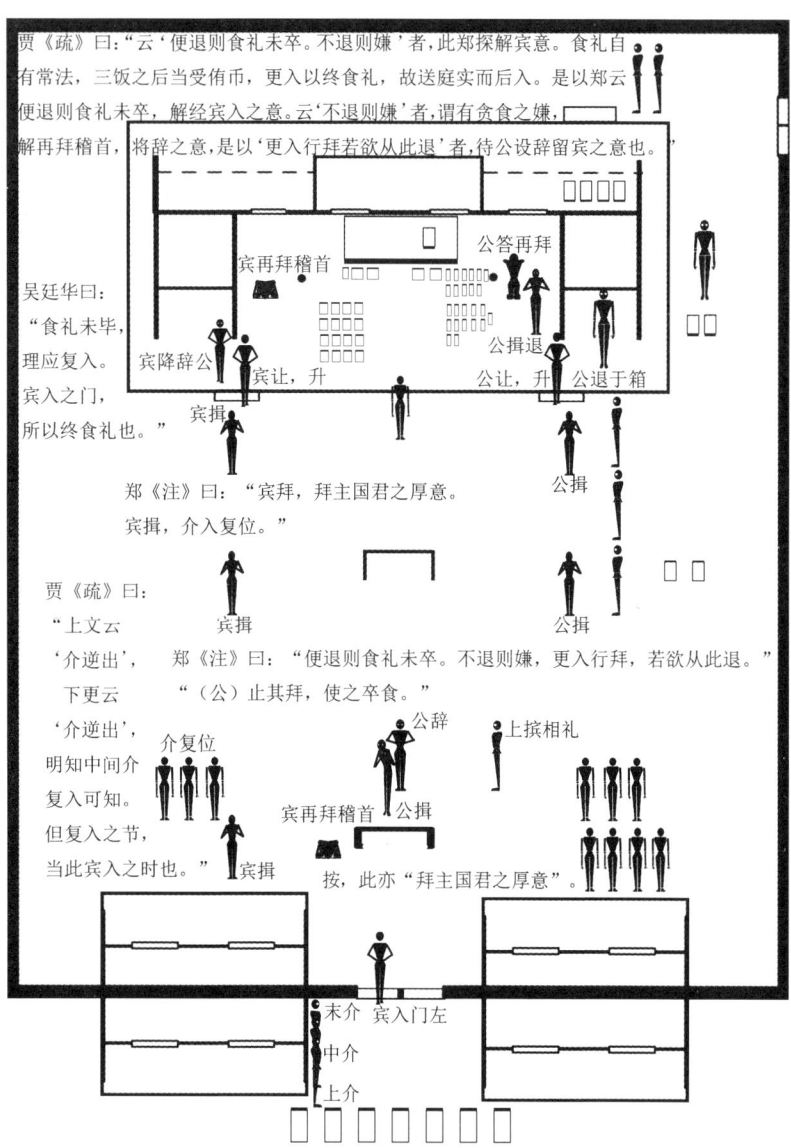

9-11-1 宾卒食图一

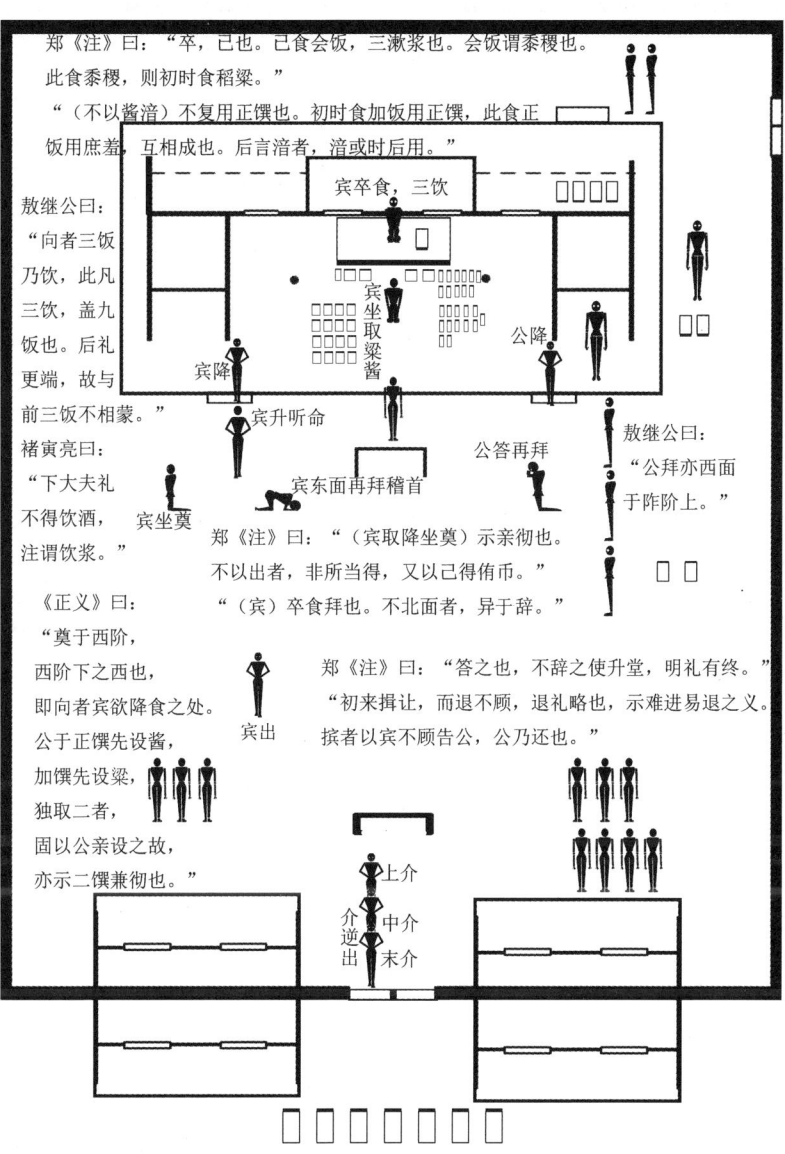

9-11-2 宾卒食图二

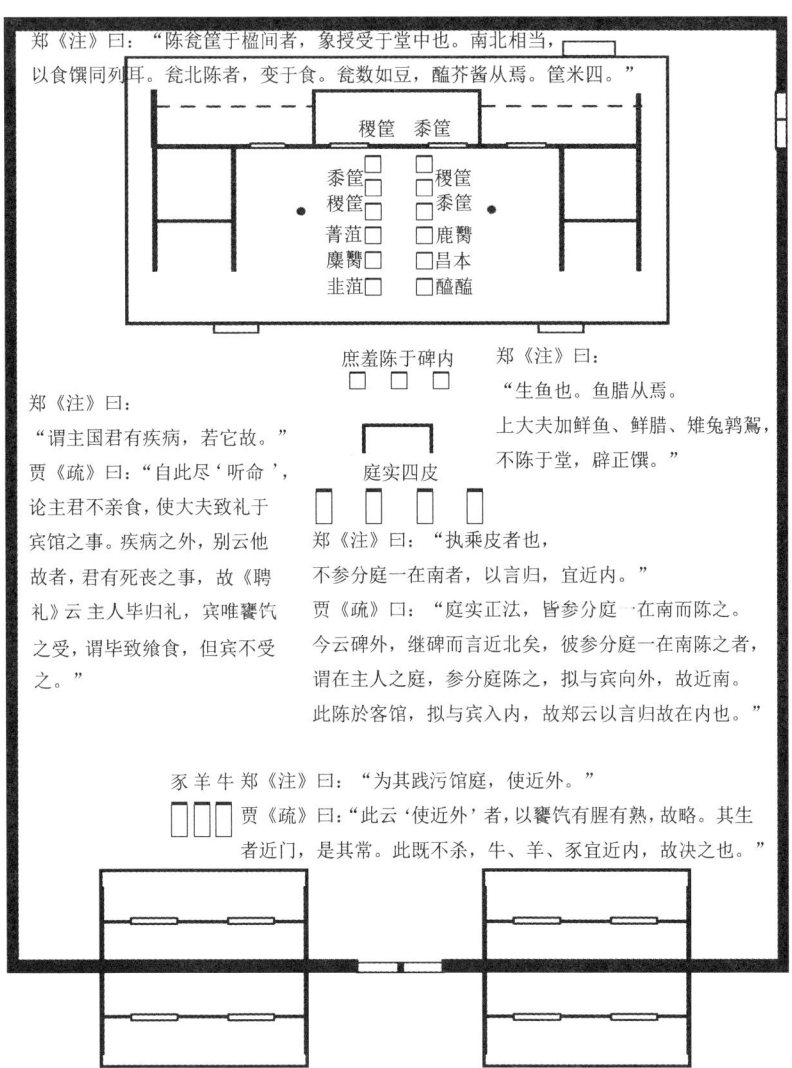

9-15-1　君不亲食使人往致图

公食大夫礼所涉人物一览表（左）

公食大夫礼第九

		一、礼前准备		二、公食大夫				
		1. 戒宾宾从	2. 陈具	3. 宾入拜至	4. 鼎入载俎	5. 为宾设正馔	6. 宾祭正馔	7. 为宾设加馔	8. 宾祭加馔
国君		命大夫	就位	迎宾，拜至		盥手，设醢酱，不上堂	揖食	进粱饭	辞降拜
	上摈	据《公食大夫礼·记文》，卿为上摈，大夫则为下相，赞食礼，无事则退负东塾		导宾，代公辞宾之降					
	大夫	戒宾			洗，取食				
	宰夫	据《正义》，戒宾大夫为兼指卿与大夫	布席，设几			授公醢酱，荐宾六豆等，启簋	授公粱，荐稻		
主国	宰（内宰）	宰夫，是为诸侯"掌宾客之献饮食者也"。贾公彦认为"诸宰夫是士"。				进大羹湆			
	甸人	宰，亦称内宰，是宰夫的属吏，负责辅佐宰夫行礼事。胡匡衷认为，诸侯之内宰"当上士为之"	陈鼎		抬鼎出由				
	小臣	任职于诸侯，胡匡衷认为由士旅食担任。详见《仪礼释官》卷二	设敦匜		陈俎				
	雍人	小臣，是佐诸侯行礼事者。胡匡衷表认为诸侯之小臣"亦上士为之"，并认为《仪礼》中的小臣不仅担当《周礼》中小臣的职事，还兼任《周礼》中的大仆之职			加匕				
	旅人	雍人，亦可作"饔人"。杨伯峻认为雍人是"主厨烹之事者。"胡匡衷表认为，诸侯之饔人当"下士为之"			取匕				
		雍人之属，胡匡衷表认为其应当由士旅食者担任，主要负责协助雍人掌管牲肉，陈设鼎俎。详见《仪礼释官》卷四。							

173　公食大夫礼

续表

公食大夫礼第九

		一、礼前准备				二、公食大夫			
		1. 戒宾宾从	2. 陈具	3. 宾入拜至	4. 鼎入载牲	5. 为宾设正馔	6. 宾祭正馔	7. 为宾设加馔	8. 宾祭加馔
主国	讶	讶，是"国君所使迎待宾者"。讶的职责是接待宾客而其身份则与所接待的对象密切相关。如果被接待者的身份是大夫，则主国要派出士担任讶							
	司宫	司宫，是"掌宫庙者也"。胡匡衷认为诸侯之司宫"当下士为之"。司宫主要负责缓内扫除、执烛、供炭等杂役							
		备席							
	士				抬鼎入庙；奠杠、载牲	进俎	右人左人以俎	进庶羞	升宾助祭
	赞者	据《公食大夫礼·记文》，堂上的赞者应由下大夫担任	陈设			告具、盥、从组升	助祭	告具	
	有司		就位与礼						
	内官之士	任职于诸侯的官。郑玄认为，内官之士是"夫人之官，内宰之属也"。胡匡衷却认为其当为内小臣之属，详见《仪礼释官》卷四							
聘国	使者	辞，从大夫任		就位回拜		辞	祭	升席、祭	
	上介	听命入告							
	使者从者	据贾《疏》，小聘上介为士							
	附注	1079	1079—1080	1080	1080—1081	1081	1081—1082	1082	

公食大夫礼所涉人物一览表（右）

公食大夫礼第九

		二、公食大夫				三、变例			
		9.宾食馔三饭	10.君以束帛侑宾	11.宾卒食	12.礼终宾出	13.宾拜赐	14.食上大夫之加于下大夫者	15.君不亲食使人任致	16.大夫相食之礼	17.大夫不亲食君使人代致
主国	国君	辞	以币侑宾	送宾				受赠，拜谢公		使臣代致
	大夫	据《公食大夫礼·记》，卿为上摈，只在堂下相赞礼，无事则退负东塾，不上堂	相礼						戒宾、宿宾、迎宾、授醴、清、侑币、食大夫	代公致辞馈赠
		据《正义》，戒宾之大夫为兼指卿与大夫	授束帛					代公致辞馈赠		
	宰夫	进馔、丰								
	宰（内宰）	宰夫，是为诸侯"掌宾客之献饮食者也"。贾公彦认为"诸侯宰夫是士"								
	甸人	宰，亦称内宰，是宰夫的属吏，负责辅佐宰夫行礼事。胡匡衷认为，诸侯之内宰"当上士为之"								
	小臣	任职于诸侯，是佐诸侯行礼事者。胡匡衷认为由士旅食担任。详见《仪礼释官》卷二								
	雍人	小臣，是诸侯行礼事者。胡匡衷表认为诸侯之小臣"亦上士为之"，并认为《仪礼》中的小臣不相当《周礼》中小臣的职事，陈设鼎俎。详见《仪礼释官》卷四								
	旅人	雍人，亦可作"饔人"。杨伯峻认为雍人是"主割烹之事者"。胡匡表认为雍人掌管牲肉，主要负责协助雍人								
		雍人之属，胡匡衷表认为其应当由士旅食者相任，主要负责协助雍人掌管牲肉，陈设鼎俎。详见《仪礼释官》卷四								

176　新编仪礼图之方位图：嘉礼卷（下）

续表

		二、公食大夫					三、变例			
		公食大夫礼第九								
		9.宾食馈三饭	10.君以束帛侑宾	11.宾卒食	12.礼终宾出	13.宾拜赐	14.食上大夫礼之加于下大夫者	15.君不亲食使人往致	16.大夫相食之礼	17.大夫不亲食君使人代致
主国	讶		讶，是"国君所使迎宾者"讶的职责是接待宾客而其身份则与所接待的对象密切相关。如果被接待者的身份是大夫，则主国要派出士担任讶			转致宾辞		转致宾辞		
	司官		司官，是"掌官庙者也"。胡匡衷认为诸侯之司官"当士为之"。司官主要负责馔肉扫除、执烛、供炭等杂役							
	士									
	赞者	据《公食大夫礼·记文》，堂上的赞者应由下大夫担任								
	有司	设庭实	执皮从宾		归宾俎				陈设	授醴、清，侑币
	内官之士	任职于诸侯的官。郑玄认为，内官之士是"夫人之官，内宰之属也"。胡匡衷却认为其当为内小臣之属。详见《仪礼释官》卷四								
聘国	使者	彻加席，三饭 由大夫担任	受币	卒食，退		拜辞				受食礼，彻馔
	上介	据贾《疏》，小聘上介为士	受币							
	使者从者		受皮							受赠
附注		1082—1083		1083		1085		1085—1086		1086

公食大夫礼所涉礼例一览表

		公食大夫礼第九				
		通例上第一	通例下第二	饮食之例上第三	饮食之例中第四	饮食之例下第五
一、礼前准备	1. 戒宾宾从	1-1 1-8 1-12 1-14	2-8			
	2. 陈具	1-1	2-14 2-19 2-20 2-21			5-12 5-13 5-16 5-17
二、公食大夫	3. 宾入拜至	1-1 1-3 1-5 1-6 1-7 1-8 1-9 1-11 1-14 1-17	2-6 2-7		4-20	5-18
	4. 鼎入载俎		2-6 2-10		4-20	5-18
	5. 为宾设正馔	1-6 1-7 1-17	2-2 2-6 2-7 2-10 2-11 2-12 2-13		4-13 4-14 4-16 4-17 4-18 4-20	5-18
	6. 宾祭正馔	1-7 1-8 1-9 1-11 1-14 1-17	2-2 2-5 2-6 2-13		4-17 4-18 4-20	5-5 5-6 5-7 5-8 5-9 5-18
	7. 为宾设加馔	1-7	2-6 2-13		4-13 4-14 4-16 4-17 4-18 4-20	5-18

续表1

		公食大夫礼第九				
		通例上第一	通例下第二	饮食之例上第三	饮食之例中第四	饮食之例下第五
二、公食大夫	8. 宾祭加馔	1-7 1-8 1-9 1-11 1-14	2-2 2-6 2-9 2-13		4-17 4-18 4-20	5-5 5-6 5-7 5-8 5-9 5-18
	9. 宾食馔三饭	1-7 1-17	2-1 2-2 2-3 2-4 2-6 2-9 2-13	3-10 3-11 3-14	4-10 4-12 4-15 4-17 4-18 4-20	5-5 5-6 5-7 5-8 5-9 5-18
	10. 君以束帛侑宾	1-7 1-8 1-9 1-11 1-14	2-6 2-7 2-13	3-10 3-11 3-14	4-12 4-17 4-18 4-19 4-20	5-18
	11. 宾卒食	1-5 1-7 1-8 1-13 1-14 1-17 1-18	2-6 2-7 2-9 2-13	3-10 3-11 3-14	4-10 4-12 4-15 4-17 4-18 4-20	5-5 5-6 5-7 5-8 5-9 5-18
	12. 礼终宾出	1-19	2-6		4-17 4-20	5-18
	13. 宾拜赐	1-8 11-14	2-6		4-20	5-18
三、变例	14. 食上大夫礼之加于下大夫者		2-6	3-10 3-11 3-14	4-10 4-18 4-20	5-5 5-6 5-7 5-8 5-9 5-18

续表2

		公食大夫礼第九				
		通例上第一	通例下第二	饮食之例上第三	饮食之例中第四	饮食之例下第五
三、变例	15. 君不亲食使人往致	1-1 1-3 1-5 1-6 1-7 1-12 1-13 1-18	2-6 2-7 2-9 2-10 2-11 2-12 2-13	3-10 3-11 3-14	4-18 4-20	5-5 5-6 5-7 5-8 5-9
	16. 大夫相食之礼	1-1 1-3 1-5 1-6 1-7 1-13 1-18		3-10 3-11 3-14	4-18 4-20	5-5 5-6 5-7 5-8 5-9
	17. 大夫不亲食君使人代致			3-10 3-11 3-14	4-18 4-20	5-5 5-6 5-7 5-8 5-9

[注释]

[1-1] 凡迎宾，主人敌者于大门外，主人尊者于大门内。

[1-3] 凡入门，宾入自左，主人入自右，皆主人先入。

[1-5] 凡入门，将右曲，揖；北面曲，揖；当碑，揖：谓之三揖。

[1-6] 凡升阶皆让，宾主敌者俱升，不敌者不俱升。

[1-7] 凡升阶皆连步，唯公所辞则栗阶。

[1-8] 凡门外之拜皆东西面，堂上之拜皆北面。

[1-9] 凡室中、房中拜以西面为敬，堂下拜以北面为敬。

[1-10] 凡臣与君行礼，皆堂下再拜稽首，异国之君亦如之。

[1-11] 凡君待以客礼，下拜则辞之，然后升成拜。

[1-12] 凡为人使者不答拜。

[1-13] 凡拜送之礼，送者拜，去者不答拜。

［1-14］凡丈夫之拜坐，妇人之拜兴；丈夫之拜奠爵，妇人之拜执爵。

［1-17］凡推手曰揖，引手曰厌。

［1-18］凡送宾，主人敌者于大门外，主人尊者于大门内。

［2-1］凡授受之礼，同面者谓之并授受。

［2-2］凡授受之礼，相乡者谓之讶授受。

［2-3］凡授受之礼，敌者于楹间，不敌者不于楹间。

［2-4］凡相礼者之授受，皆讶授受。

［2-5］凡卑者于尊者，皆奠而不授；若尊者辞，乃授。

［2-6］凡佐礼者，在主人曰摈，在客曰介。

［2-7］凡宾、主人礼，盛者专阶，不盛者不专阶。

［2-8］凡戒宾、宿宾，宿者必先戒，礼杀者则不宿。

［2-9］凡宾升席自西方，主人升席自北方。

［2-10］凡礼盛者必先盥。

［2-11］凡降洗、降盥，皆壹揖、壹让，升。

［2-12］凡宾、主人敌者，降则皆降。

［2-13］凡一辞而许曰礼辞，再辞而许曰固辞，三辞不许曰终辞。

［2-14］凡庭洗设于阼阶东南，南北以堂深，天子、诸侯当东溜，卿、大夫、士当东荣，水在洗东。

［2-19］凡堂下之篚，在洗西，南肆。

［2-20］凡陈鼎，大夫、士，门外北面，北上；诸侯，门外南面，西上。反吉，则西面。

［2-21］凡设席，南乡北乡，于神则西上，于人则东上；东乡西乡，于神则南上，于人则北上。

［3-10］凡啐酒于席末，告旨则降席拜。

［3-11］凡献酒，礼盛者受爵、告旨、卒爵皆拜，酢主人；礼杀者不拜告旨，又杀者，不酢主人。

［3-14］凡礼盛者坐卒爵，礼杀者立卒爵。

[4-10] 凡奠爵，将举者于右，不举者于左。

[4-12] 凡食礼，初食三饭，卒食九饭。

[4-13] 凡设馔，以豆为本。

[4-14] 凡正馔先设，用黍稷俎豆；加馔后设，用稻粱庶羞。

[4-15] 凡初食加馔之稻粱，则用正馔之俎豆；卒食正馔之黍稷，则用加馔之庶羞。

[4-16] 凡正馔醢酱大羹湆，加馔簠粱，皆公亲设。

[4-17] 凡公亲设之馔，必坐迁之；公亲临食，必辞之。

[4-18] 凡食礼有豆无笾；饮酒之礼豆笾皆有。

[4-19] 凡食宾以币曰侑币，饮宾之币曰酬币。

[4-20] 凡燕礼，使宰夫为主人；食礼，公自为主人。

[5-5] 凡执爵皆左手，祭荐皆右手。

[5-6] 凡祭荐者坐，祭俎者兴；祭荐者执爵，祭俎者奠爵。

[5-7] 凡祭荐不挩手，祭俎则挩手。

[5-8] 凡祭酒，礼盛者啐酒，不盛者不啐酒；祭肺、礼盛者哜肺，不盛者不哜肺。

[5-9] 凡祭皆于笾豆之间，或上豆之间。

[5-12] 凡脯醢谓之荐，出自东房。

[5-13] 凡牲皆用右胖，唯变礼反吉用左胖。

[5-16] 凡肺皆有二，一举肺，一祭肺。

[5-17] 凡牲，杀曰饔，生曰饩；饔之属皆陈于堂上下，饩之属皆陈于门内外。

[5-18] 凡食于庙，燕于寝，乡饮酒于庠。

公食大夫礼所涉方位图一览表[1]

		公食大夫礼第九						
		杨复《仪礼》	张惠言《仪礼图》	黄以周《礼书通故》	吴之英《寿栎庐仪礼奭固士冠图》	姜兆锡《仪礼经传外编》	褚寅亮《仪礼管见》	郑珍《仪礼私笺》	胡培翚《仪礼正义》
一、礼前准备	1. 戒宾宾从	陈器馔及迎宾即位图156	戒1703						
	2. 陈具				先设 300				
二、公食大夫	3. 宾人拜至	拜至鼎人载俎图157	迎宾1704 拜至1704	拜至2178	公迎宾 300				
	4. 鼎人载俎		人鼎设酱1705	人鼎载俎2179	陈鼎栐载 301				

---

[1] 由于褚寅亮《仪礼管见》一列所涉内容较为琐碎，故将其所涉礼图出处以数字的形式于表格中标示出来。如褚寅亮《仪礼管见》一列 "公食大夫礼陈馔式 429"，指的是本图详见《续修四库全书》，上海古籍出版社，2001 年，第 88 册，第 429 页。郑珍《仪礼私笺》一列 "公食大夫礼设正馔加馔之图 4638"，指的是本图详见阮元、王先谦编著之《皇清经解》，凤凰出版社，2005 年，第 12 册，第 4638 页。胡培翚《仪礼正义》一列 "公食大夫礼正馔加馔图 315"，指的是本图详见《续修四库全书》，上海古籍出版社，2001 年，第 92 册，第 315 页。

公食大夫礼　183

续表 1

公食大夫礼第九

	杨复《仪礼》	张惠言《仪礼图》	黄以周《礼书通故》	吴之英《寿栎庐仪顾固礼事图》	姜兆锡《仪礼经传外编》	褚寅亮《仪礼管见》	郑珍《仪礼私笺》	胡培翚《仪礼正义》
5. 为宾设正馔		设正馔 1705	设馔式 2180—2181 正馔 2182	设宾馔 301	公食大夫礼陈馔图 657	公食大夫礼陈馔式 429	公食大夫礼设正馔加馔之图 4638	公食大夫礼正馔加馔图 315
6. 祭正馔	公设醯醢大羹饮荣食宾图 160	祭祀设菜 1706						
7. 为宾设加馔		设加豆 1706	加馔 2183					
8. 宾祭加馔								
9. 宾馔三饭		宾三饭 1707	宾三饭 2184	宾卒食 302				
10. 君以束帛侑宾	公以束帛侑宾及宾卒食图 162	侑 1707	侑 2185					
11. 宾卒食		宾人卒食 1708						
12. 礼毕宾出		宾出 1708						
13. 宾拜赐								
14. 食上大夫之礼加于下大夫者								
15. 君不亲食使人往致		致食 1709		致食陈馔 302				
16. 大夫相食之礼	大夫相食图 163			大夫相食 303				
17. 大夫不亲食君使人代致								

续表 2

公食大夫礼第九

	杨复《仪礼》	张惠言《仪礼图》	黄以周《礼书通故》	吴之英《寿栎庐仪顗固礼事图》	姜兆锡《仪礼经传外编》	褚寅亮《仪礼管见》	郑珍《仪礼私笺》	胡培翚《仪礼正义》
18. 记食礼异于常礼			郑注燕食礼 2186 新定燕食 2187					
19. 记序								
20. 记筵席								
21. 记车马								
22. 记硎苞								
23. 记赞者升节								
24. 记羞								
25. 记炙								
26. 记上大夫筵席与下大夫同								
27. 记宾赞								
28. 记荐羞及侑币								

嘉礼礼器表

几　《说文》曰："几，坐所以凭也。"

筵　《说文》曰："筵，竹席也。"《周礼·春官》注曰："铺陈曰筵，藉之曰席。筵铺于下，席铺于上，所以为位也。"席，即蒲席，供坐卧铺垫的用具。莦席即芦席。衽为卧席，枕为枕头。

幂　用以覆盖的巾。《小尔雅·广诂》曰："大巾谓之幂。"箭幂为饰小竹条之幂。

鼎　《说文》曰："鼎，三足两耳，和五味之宝器也。"

扃鼏　覆鼎之物。《仪礼·士冠礼》："离肺实于鼎，设扃鼏。"贾《疏》曰："设扃鼏者，以茅覆鼎，长则束其本，短则编其中。"

铏　古代盛羹的鼎，两耳三足，有盖，常用于祭祀。

禁　郑《注》曰："禁承尊之器。"可知为承酒尊的器座，可分为长方形与方形。其中，有足的称为"禁"，无足的称为"斯禁"。

棜　孔颖达曰："棜长四尺，广二尺四寸，深五寸，无足，赤中，画青云气菱苕华为饰。"《仪礼·特牲馈食》，贾《疏》云："器本无名，人与立号。棜之与禁，因物立名。是以大夫尊，以厌饫为名；士卑，以禁戒为称。复有以有足无足立名，故《礼记》注云：'无足有似于棜。'……士曰禁由有足，以《士虞礼》云：'尊于室中，两甒醴酒，无禁。'禁由足生名。《礼记》云大夫用棜，士用禁。及《乡饮酒》《乡射》皆非祭礼，是以虽大夫去足，犹存禁名。至祭则去足名为棜，禁不为神戒也。"郑《注》曰："棜，斯禁也。谓之棜者，无足有似于棜。大夫用斯禁，士用棜禁，如今方案，隋长局足高三寸。"

洗 古代盥洗用的器皿，形似浅盆，圆形、宽口沿、平底或圜底。

槃 承水之盘。《说文》曰："槃，承槃也。从木，般声。古文从金，籀文从皿。"

匜 礼器，用于沃盥之礼，为客人洗手所用。周朝沃盥之礼所用水器由盘、盉组合变为盘、匜组合。匜形椭长，前有流，后有鋬，多有四足。

豆 《说文》曰："豆，古食肉器也。"其形似高脚盘，或有盖。

镫 《礼记·祭统》注："镫，豆下跗也。"《仪礼·公食大夫礼》，郑《注》："瓦豆谓之镫。"贾《疏》："瓦豆谓之镫。《诗》云：'于豆于登'。毛亦云：'木曰豆，瓦曰登。'"按，豆本是盛放肉酱一类食物的器物。由于制作豆的材料不同，因而分别有不同的名称。其中，用陶制作的豆，称之谓登。

瓦大 又名膳尊，为君所用。《仪礼·燕礼》注曰："瓦大，有虞氏之尊也；《礼器》曰：'君尊瓦甒。'"胡培翚曰："有虞氏上陶，故用瓦大。引《礼器》者，证瓦大即瓦甒也。"瓦甒，古代陶制的酒器。《礼记·礼器》注曰："瓦甒，五斗。"孔《疏》曰："此瓦甒，即《燕礼》'公尊瓦大'也。"

笾 《仪礼·士冠礼》疏云："竹器，如豆者。"

箪 《说文》曰："箪，笥也。"即古代盛饭的圆形竹器。

筐 《广韵》曰："筐，竹器。方曰筐，圆曰筐。"《孟子注疏》载《礼图》曰："筐，以竹为之，长三尺，广一尺，深六寸，足高三寸，上有盖也。"郑《注》曰："筐，竹器如筥者。"膳筐为盛国君饮酒器的竹筐。

筥 古代盛物器具，形状如同今日长方形小箱。《说文》曰："筥，盛食器也。"

敦 青铜器名，古代用来盛放黍、稷、粱、稻等饭食的器皿，由鼎、簋的形制结合发展而成。盖和器身都作半圆球形，各有三足或圈足，上下合成球形，盖可倒置。就饪食器总体的发展变化而言，与鼎中盛肉食相配套的盛饭食的器物，西周是簋，春秋是敦，战国以后则是盒。金敦即金装饰的敦，敖继公曰："金敦，以金饰之也。"

簋[1] 用于盛放煮熟饭食的器皿，也用作礼器，圆口，双耳。《说文》曰："簋，黍稷方器也。"清代段玉裁《注》曰："周礼舍人注曰：'方曰簠，圆曰簋。盛黍稷稻粱也。'掌客注曰：'簠，稻粱器也。簋，黍稷器也。'"《广韵》曰："簠簋，祭器，受斗二升，内圆外方曰簋。"

簠 盛放黍、稷、粱、稻等饭食的器具，《周礼·舍人》："凡祭祀共簠簋。"簠的基本形制为长方形器，盖和器身形状相同，大小一样，上下对称，合则一体，分则为两个器皿。

俎 四脚方形盘，常设肉。《说文》曰："俎，礼俎也。从半肉在俎上。"且，祭祀所用的礼器。

匕 勺、匙之类的取食用具。《说文》曰："相与比叙也。从反人。匕，亦所以用比取饭，一名柶。凡匕之属皆从匕。卑履切。" 匕枋即匕的柄。疏匕，郑《注》曰："疏匕，匕柄有刻饰者。"桃匕，郑《注》曰："桃谓之歃，读如'或舂或抌'之抌。字或作桃者，秦人语也。此二匕者，

---

[1] 按，《仪礼》中敦簋不分。

皆有浅升，状如饭操。桃，长枋，可以抒物于器中者。"

柶 舀取食物的礼器，像勺子。郑《注》曰："角柶，角匕也。"

勺 《说文》曰："勺，挹取也。"即舀酒器，形如有曲柄的小斗。

罍 大型盛酒水的礼器。斜肩，深腹，圈足式，亦有少数为平底，有盖。

甒 盛酒有盖瓦器，口小，腹大，底小，较深。郑《注》曰："瓦甒，五斗。"

爵 同"雀"。《说文》曰："爵，礼器也。象爵之形。中有鬯酒。又持之也。"《考工记·梓人》引《韩诗》云："一升曰爵，二升曰觚，三升曰觯，四升曰角，五升曰散。"散爵为臣所用之爵。

觚 饮酒器，礼器。圈足，敞口，长身，口部和底部都呈现为喇叭状。象觚，以象骨为饰，或饰以象形花纹的酒器，为国君专用。郑《注》曰："觚有象骨饰也。"象觚又叫媵爵。

觯 饮酒器，礼器。形似尊而小，或有盖。角觯为饰角之觯。散觯为臣所用之觯。象觯以象觚度之，当以象骨为饰之觚。

角 饮酒器，礼器。形似爵而无柱，两尾对称，有盖，用以温酒和盛酒。

散 王国维认为，散即斝的别称。容量为五升，除以漆涂面外，不用别物装饰。《周礼·春官·鬯人》："庙用修，凡山川四方用蜃，凡祼事用概，凡副事用散。"郑《注》曰："修、蜃、概、散皆漆尊也……概尊以朱带者，无饰曰散。"

壶 酒器名，深腹，敛口。《说文》曰："壶，昆吾圜器也。"方壶，圆肚方口，卿大夫士所用。圜壶，士旅食所用。

束帛 捆为一束的五匹帛。《周礼·春官·大宗伯》注曰："皮帛者，束帛而表以皮为之饰。"疏曰："束者十端，每端丈八尺，皆两端合卷，总为五匹，故云束帛也。"

县 悬钟磬木架。按：县，悬也。

管 中国古代的一种管乐器，起初用玉制成，改用竹，有六孔，长一尺。《说文》曰："管，如篪，六孔，十二月之音，物开地牙，故谓之管。"《礼乐器记》曰："管，漆竹，长一尺，六孔。"

瑟 中国传统拨弦乐器。形状似琴，每弦瑟有一柱。按五声音阶定弦。《说文》曰："瑟，庖牺所作弦乐也。从珡，必声。"

笙 中国古老的簧管乐器，由笙簧、笙笛、笙斗三个部分组成。《说文》曰："笙，十三簧象凤之身也。笙，正月之音，物生故谓之笙。"

和 小笙。《尔雅·释乐》曰："大笙谓之巢，小者谓之和。"

簜 笙箫类管乐，当为竹制，胡培翚认为，此即管。郑《注》曰："簜，竹也，谓笙箫之属，倚于堂。"

磬 中国历史上最古老的石制打击乐器和礼器，一般取片状石材，制成曲尺形，上钻磨一孔，悬挂敲击。《说文》曰："磬，乐石也。"

笙磬 即磬，盖因悬于东方而谓之。郑《注》曰："笙，犹生也。东为阳中，万物以生。《春秋传》曰：'大蔟所以金奏，赞阳出滞，沽洗所以修絜百物，考神纳宾。'是以东方钟磬谓之笙，皆编而县之。《周礼》曰：'凡县钟磬，半为堵，全为肆。'有钟有磬为全。镈如钟而大，奏乐以鼓镈为节。"则可知此磬为编磬。

颂磬 位于西方之磬。郑《注》曰："言成功曰颂，西为阴中，万物之所成。《春秋传》曰：夷则所以咏歌九则，平民无贰无射，所以宣布哲人之令德，示民轨义。是以西方钟磬谓之颂。"《周礼·春官·眂瞭》："掌凡乐事，播鼗，击颂磬、笙磬。"郑《注》曰："磬在东方曰笙，笙，生也。在西方曰颂，颂或作庸；庸，功也。"贾《疏》曰："以东方是生长之方，故云笙。西方是成功之方，故云庸；庸，功也。谓之颂者，颂者，美盛德之形容，以其成功告于神明，故云颂。"

鼓 我国传统打击乐器。《说文》曰："鼓，郭也。春分之音，万物郭皮甲而出，故谓之鼓。"

建鼓 中国古代一种较大的鼓，鼓身有方孔，用木柱贯穿其中而立之，柱顶饰有鸾鸟及华盖，柱下有四足，饰以兽形。

朔鼙 击奏膜鸣乐器，也作朔鞞，一种与大鼓配制的小鼓。一般悬挂在建鼓西侧，于乐曲开始时敲奏。在礼乐中，通常先击"朔鼙"，再击"应鼙"。郑《注》曰："朔，始也。奏乐先击西鼙。""应鼙，应朔鼙也。先击朔鼙，（应鼙）应之。鼙，小鼓也。在东便其先击小，后击大也。"

应鼙 一种较小的鼓。之所以叫应鼙原因有二：一是因为位于东面，先击东面朔鼙再击东面此鼙以应和之；二是因为此为小鼓，先击小鼓后击大鼓，则此鼙为大鼓之先引，则亦为"应"也。

鼗 即今之拨浪鼓。郑《注》曰："鼗如鼓而小，有柄。宾至，摇之以奏乐也。纮，编磬绳也，设鼗于磬西，倚于纮也。"则纮即鼗旁悬耳绳。

钟 古代打击乐器。《说文》曰："钟，乐钟也。"杨树达曰："钟者，可捶之物。"

笙钟 即钟，亦因悬于东方而谓之，亦为编钟。详见笙磬。

镈 古乐器，一种单独悬挂的大钟。《说文》曰："大钟，淳于之属，所以应钟磬也。堵以二，金乐则鼓镈应之。"

弓 古代射箭打弹器械。《正字通》曰："弓，揉木而弦之以发矢。"弣，为弓把中部；箫，为弓的末梢。

矢 箭的别名。《广雅·释器》曰："矢，拔箭也。"羽为箭上的羽毛。笴为箭杆。

侯 射箭用的箭靶子，一般有兽皮做的和布做的两种。侯的形制，以布侯为例，其当中部分为中，中用布五幅，每幅长一丈，宽二尺二寸，每幅各以二寸为缝，则正中正好一丈见方；中的上下各接一幅长二丈的布，叫作躬，上曰上躬，下曰下躬；上躬之上、下躬之下，又各接一幅布，叫作舌，又叫作个，上舌四丈，下舌三丈；上下舌端缀有纲，纲系于东西两柱即所谓"植"上，如此方可将侯张起并固定住。

熊侯 古代饰以熊皮的箭靶，侯正中画熊首，底色为白色。《周礼·天官·司裘》："王大射，则共虎侯、熊侯、豹侯，设其鹄。" 贾《疏》曰："熊侯者，以熊皮饰其侧，七十步之侯，诸侯射之也。"

麋侯 古代饰以麋皮的箭靶，侯正中画麋鹿首，底为赤色。《周礼·天官·司裘》："卿大夫则共麋侯。"

大夫布侯 即虎侯、豹侯，为大夫所用之侯，白布为之，上画虎或者豹。

士布侯 即鹿侯、豕侯，为士所用之侯，白布为之，上画鹿或者豕。

大侯 古代的一种国君所用的箭靶。《诗·小雅·宾之初筵》："大侯既抗，弓矢斯张。"毛传曰："大侯，君侯也。"郑玄《笺》曰："天子诸侯之射，皆张三侯。故君侯谓之大侯。"郑《注》曰："大侯，熊侯，谓之大者，与天子熊侯同。"按，据胡培翚说，这是以熊皮为鹄之侯，是为皮侯，不同于乡射礼所用画兽首于鹄处之兽侯。

参侯 一种卿大夫所用的箭靶，以豹皮为鹄，麋皮为饰。郑《注》曰："参读为糁，糁，杂也，杂侯者，豹鹄而麋饰，下天子大夫也。"

干侯 一种士所用的箭靶，以犴皮为鹄，犴皮为饰。犴，《说文》曰："胡地野狗也。"郑《注》曰："干，读为犴。犴侯者，犴鹄犴饰也。"

筭 即射筹，用以记射中次数的筹码。

箭筹 箭竹做的算筹。筹即射筹，郑《注》曰："箭，筱也；筹，筭也。"

中 盛筭器，用木刻制，型似伏兽，背上开有孔以插放算筹。《礼记·投壶》孔颖达疏曰："中，谓受算之器。""其中之形，刻木为之，状如兕鹿而伏，背上立圆圈，以盛算也。"鹿中，为制成鹿形之中；皮树中，为制成皮树兽形之中；闾中，为制成闾兽形之中；虎中，为制成虎状之中；兕中，为制成兕形之中。

乏 射礼唱靶者用以避箭的器具。聂崇义认为其长宽皆为七尺，牛皮制成，其形略似屏风。郑《注》曰："容谓之乏，所以为获者御矢也。"

扑 即刑杖。《说文》曰："扑，挨也。"郑《注》曰："扑，所以挞犯教者。《书》云：'扑作教刑。'"楚扑为荆做的扑，长如笴，有三尺长。刊本尺，即将手持的一端的刮削一尺使见白。

楅 盛矢之木架。《仪礼·乡射礼》曰："楅，长如笴，博三寸，厚寸有半，龙首，其中蛇交，韦当，楅髹。"按，楅之形制解释不一。博为广。髹为赤黑漆，谓楅当以赤黑色漆漆之。"龙首，其中蛇交"，郑《注》曰："两端为龙首，中央为蛇身相交。""韦当"，郑《注》曰："直心背之衣曰当，以丹韦为之。"即形似背心，以朱红色的皮子制成。据此，楅之形制为：两端作龙首，中间为蛇身相交状，以丹韦为当设于上以承矢，且被漆为赤黑色。

丰　古代礼器，形状似豆而稍低，用以承酒觯。郑《注》曰："丰，所以承觯者也，如豆而卑。"